新时代妇联干部教育培训参考教材

女性干部的领导力

曾荣　编著

中国妇女出版社

图书在版编目（CIP）数据

女性干部的领导力 / 曾荣编著 . -- 北京：中国妇女出版社，2020.12
新时代妇联干部教育培训参考教材
ISBN 978-7-5127-1890-6

Ⅰ.①女… Ⅱ.①曾… Ⅲ.①女性－领导学－干部培训－教材 Ⅳ.① C933

中国版本图书馆 CIP 数据核字（2020）第 149877 号

女性干部的领导力

作　　者：曾　荣　编著
项目统筹：廖晶晶　孔　姿
责任编辑：陈　元
封面设计：吴晓莉　李　甦
责任印制：王卫东
出版发行：中国妇女出版社
地　　址：北京市东城区史家胡同甲 24 号　　邮政编码：100010
电　　话：（010）65133160（发行部）　　65133161（邮购）
网　　址：www.womenbooks.cn
法律顾问：北京市道可特律师事务所
经　　销：各地新华书店
印　　刷：三河市祥达印刷包装有限公司
开　　本：170×240　1/16
印　　张：13.25
字　　数：148 千字
版　　次：2020 年 12 月第 1 版
印　　次：2020 年 12 月第 1 次
书　　号：ISBN 978-7-5127-1890-6
定　　价：58.00 元

版权所有·侵权必究　　（如有印装错误，请与发行部联系）

主　　编：黄晓薇

副 主 编：张晓兰　夏　杰　邓　丽　谭　琳
　　　　　吴海鹰　赵　雯　蔡淑敏　章冬梅

编委会成员：（按姓氏笔画为序）

　　　　　王卫国　丛中笑　冯曼东　朱锡生
　　　　　刘亚玫　许立华　年　虹　孙钱斌
　　　　　杜　芮　杜　洁　李明舜　李凯声
　　　　　张建岷　张彦红　张　慧　陈晓霞
　　　　　单丽洁　高莎薇　高博燕　曾　祝

前 言
PREFACE

妇联干部是党的干部队伍的重要组成部分。党的十八大以来,以习近平同志为核心的党中央高度重视妇联干部队伍建设。2015年,《中共中央关于加强和改进党的群团工作的意见》指出,"各级党委要重视抓群团干部培养,全面加强群团干部队伍建设。将群团干部培训纳入干部教育培训总体规划,分级负责、分系统落实"。2018年11月2日,习近平总书记在同全国妇联新一届领导班子成员集体谈话时强调:"要加强妇联干部队伍建设,努力培养高素质妇联干部队伍。"

在以习近平同志为核心的党中央坚强领导下,全国妇联大力加强妇联系统干部教育培训工作,实现了全国妇联机关干部、省级妇联领导班子成员、地市妇联主席培训全覆盖,并积极开展对县乡村妇联负责人和工作骨干的示范培训。党的十八大以来,全国妇联本级共举办妇联系统干部培训班228期,培训近1.8万人次,为各级妇联干部充能提素提供了有力支持。

进入新时代,妇联系统干部教育培训工作面临着新的形势。我国社会主要矛盾发生深刻变化,广大妇女对美好生活的向往更加强烈,期待妇联组织提供更多更好的服务,也由此对广大妇联干部的理论素养、知识水平和专业化能力提出了新的更高要求。自2015年中央群团改革以来,紧紧围绕保持和增强政治性、先进性、群众性,各级妇联持续推进"会改联",积极推动"区域化"，不断壮大基层妇联组织工作力量，770余万优秀女性作为执委加入基层妇联工作队伍。面对新的形势，加强对广大妇联干部和新任基层妇联执委的教育培训迫在眉睫，也因此，编写一套紧跟新时代要求的妇联干部教育培训教材，成为当前加强妇联干部队伍建设的一项重要任务。

为落实《2018—2022年全国干部教育培训规划》关于加强课程教材建设的要求，贯彻中国妇女十二大提出的着力培养忠诚干净担当、高素质专业化妇联干部任务部署，组织开展"基层妇联领头雁培训计划"，满足各级妇联组织和广大妇联干部的迫切需求，全国妇联决定推出"新时代妇联干部教育培训参考教材"，并于2018年12月正式启动此项工作。

这套教材坚持以习近平新时代中国特色社会主义思想为指导，认真贯彻落实习近平总书记关于妇女儿童和妇联工作的重要论述，紧紧围绕党和国家工作大局，密切联系妇联工作实际，内容涵盖妇联各个领域的主体工作，既包括作为妇联干部必备的理论知识，也包括开展实际工作必须掌握的操作性技能，以满足不同层级妇联干部的需求。

这套教材可作为各级妇联开展干部教育培训的专用教材，也可为各级妇联干部的业务学习提供参考资料。希望各级妇联本着理论与实践相结合的马克思主义学风，学以致用、用以促学，充分发挥教材的学习和教育功能，激发广大妇联干部的学习热情，不断筑牢理想信念，提升专业能力，拓宽眼界视野，增强群众工作本领，把妇联组织建设得更加充满活力，更加坚强有力，做好引领、服务、联系妇女的各项工作，奋力开创新时代妇女事业发展的新局面。

# 编者的话

在各类干部培训中,有一个现象值得关注:培训班中的女性干部通常人数相对较少,但是学习热情、学习主动性都很高,特别是对于自身能力与素养提升方面,很多优秀的女性干部仍然表现出强烈的求知欲。这一现象从侧面反映出新时代背景下社会与女性自身对于领导力的迫切要求。女性干部需要领导力,与性别无关,与职责有关。"领导力"这一概念本身是不区分性别的。一个优秀的领导者身上既有传统的男性特征,如勇敢、坚毅、果决、雄心等,也一定会表现出一些传统的女性特征,如体谅、奉献、关爱等。领导力实质上是引领和带动他人思想与行为的能力。

从"半边天"到"她时代",女性干部在越来越多样、越来越有挑战性的工作岗位上贡献自己的才智力量,实现自己的理想抱负。与此同时,女性干部在工作领域中的影响力也越来越大,责任越来越重,愈发需要更大程度地发挥优势、发展潜能,履行好自己的责权,在有限的时间与空间内创造最大的社会价值、组织价值与个人价值。本书最主要的写作动因就在于此,即为优秀、辛劳的女性干部提供科学的领导理念、全面的自我认知视角、高效的工作方法、实用的领导经验。

本书编写注重理论与实践相结合。作者长期从事领导干部自我成长、职业发展相关研究，从管理学和心理学双重视角分析女性干部的优势与不足。在本书写作过程中，作者针对女性干部的自我认识与评价、职业发展机遇与选择、工作与生活平衡等问题做了大量访谈和追踪研究。根据参加培训学员的需求建议，书中专门设计了"女性干部心语"板块，内容全部来自近三年访谈女性干部讲述的真实经历，贴近工作实际，为读者提供了可借鉴的经验。

在本书章节内容中有"女性领导"和"女性干部"两个名词称谓。"女性领导"是指有一定的级别或职务并依此行使领导权力的女性。"女性干部"通常指在国家党政机关和国有企事业单位担任领导和管理工作的女性，使用中更加侧重干部身份，而不一定明确领导责权。"干部"称谓除了身份特点外，本身也代表了社会与组织中的"骨干部分"群体。因此在本书中，女性干部泛指各行各业中积极进取、具有带头作用的女性，她们可能具有领导职务，也可能代表所在组织从事管理工作。领导力积累与提升的过程，就是一个优秀女性干部成长、成熟的道路。

本书适用于各领域、层级的女性干部学习培训，也可供妇联干部工作参阅。很多女性干部，特别是基层的女性干部，往往在承担业务工作的同时也要挑起妇联工作职责，发动、带领本地区、本单位的女性劳动者一起学习理论知识、研习专业技能、交流工作经验、促进沟通协作，这个过程恰恰体现了妇联以及妇联干部的领导力。女性干部在自我提升的同时，引领工作对象共同进步，应是学习本书内容最大的收获。

目 录 CONTENTS

第一部分 领导力理论与实践概述

第一章 领导与领导力 …… 003
第一节 领导与领导者 …… 004
一、领导/领导者的概念 …… 004
二、领导者与被领导者的关系 …… 005
第二节 领导的功能 …… 007
一、领导与管理之间的辩证关系 …… 007
二、领导的一般功能 …… 008
三、领导的角色功能 …… 008
四、领导需要具备的四种力量 …… 009

第二章 领导力的主要理论 …… 013
第一节 西方古典领导力理论 …… 014
一、领导力精神—心理特质理论 …… 015
二、领导力行为理论 …… 017
三、领导力关键因素理论 …… 020

四、领导力研究综合理论 …………………………………… 021

　第二节　东方传统领导力理论 …………………………………… 025

　　一、东方传统领导方式 …………………………………… 026

　　二、东方有效领导理念 …………………………………… 028

　　三、东西方领导文化对比 ………………………………… 029

　第三节　现代领导力理论 ………………………………………… 031

　　一、团队领导理论 ………………………………………… 031

　　二、诚实领导 ……………………………………………… 033

　　三、后现代语境下的逆向领导力 ………………………… 034

　　四、人本矩阵 ……………………………………………… 036

　　五、5M领导力模型 ………………………………………… 038

　　六、共享型领导力 ………………………………………… 040

　　七、新特质理论 …………………………………………… 041

第三章　领导者的判断力与影响力 ……………………………… 043

　第一节　判断力的思维基础 ……………………………………… 044

　　一、判断的思维过程 ……………………………………… 044

　　二、辩证思维与判断的智慧 ……………………………… 046

　第二节　影响力的实现路径 ……………………………………… 049

　　一、领导者的影响力 ……………………………………… 049

　　二、赢得被领导者的心 …………………………………… 050

　　三、影响组织文化 ………………………………………… 055

　第三节　领导者的自我修养 ……………………………………… 057

　　一、领导者的自我反思 …………………………………… 057

　　二、领导者的自我提升 …………………………………… 058

　　　自我评估测试：明智判断力自评 …………………… 061

第二部分 女性干部的优势与挑战

第四章 女性干部的领导领域 ········ 067
第一节 女性干部的工作领域 ········ 068
一、职业的性别属性 ········ 068
二、工作中的"隐性"性别歧视 ········ 071
第二节 女性干部的团队角色 ········ 073
一、女性领导力获得认可 ········ 073
二、女性领导者的角色分工 ········ 075
第三节 女性干部的职业发展 ········ 077
一、职业发展的主要阶段 ········ 077
二、岗位变化的意义 ········ 080
三、我国女性领导干部成长环境变化 ········ 081

女性干部心语：职业发展道路上的"贵人" ········ 083

第五章 女性干部的个性与思维优势 ········ 085
第一节 女性的个性特征 ········ 086
一、情绪敏感，容易焦虑 ········ 087
二、顽强不认输 ········ 089
三、乐于沟通 ········ 091
四、积极向上 ········ 092
第二节 女性的思维特点 ········ 094
一、关注细节，一丝不苟 ········ 095
二、关注不足，精益求精 ········ 096
三、关注变化，灵活稳定 ········ 097

第三节　领导角色需要的女性特质 …………………… 098
　　一、同理共情 …………………… 098
　　二、勤勉踏实 …………………… 099
　　三、甘于奉献 …………………… 100
　　扩展阅读：如何调适自己的焦虑 …………………… 101

第六章　女性干部的局限与挑战 …………………… 103

第一节　女性干部的困与难 …………………… 104
　　一、发展目标之困 …………………… 105
　　二、发展路径之难 …………………… 107

第二节　对女性干部的刻板印象 …………………… 109
　　一、娇气与要强 …………………… 109
　　二、"骄气"与耿直 …………………… 110
　　三、嫉妒与攀比 …………………… 111

第三部分　女性干部的自我成长

第七章　女性干部的自我认知 …………………… 115

第一节　自信的女性干部 …………………… 116
　　一、女性干部的个人理论自信 …………………… 116
　　二、女性干部的能力自信 …………………… 117
　　三、女性干部的外表自信 …………………… 118

第二节　自尊的女性干部 …………………… 121
　　一、什么是自尊 …………………… 121
　　二、女性干部的自尊表现 …………………… 122

第三节　矛盾的女性干部 …………………………………… 124
　　　一、自信的反面 …………………………………………… 124
　　　二、自尊的反面 …………………………………………… 126
　　　扩展阅读：提高领导干部心理健康才能提升领导力（节选）… 128

第八章　女性干部的关系认知与平衡 …………………………… 131
　　第一节　人际网络中的女性 ………………………………… 132
　　第二节　女性干部的社会关系协调 ………………………… 133
　　　一、对同事大气 …………………………………………… 133
　　　二、对下属大方 …………………………………………… 134
　　　三、对挫折包容 …………………………………………… 135
　　第三节　女性干部的家庭关系平衡 ………………………… 136
　　　一、"先生给我的力量" …………………………………… 137
　　　二、付出再付出 …………………………………………… 137
　　　三、回归家庭，享受生活 ………………………………… 138
　　　四、最愧疚的人 …………………………………………… 138
　　　女性干部心语：如何能让大家都满意 …………………… 140
　　　扩展阅读：新冠肺炎疫情期间的职场妈妈 ……………… 142

第九章　女性干部的价值追求与引领作用 ……………………… 145
　　第一节　女性干部的职业价值 ……………………………… 146
　　　一、女性的社会价值 ……………………………………… 146
　　　二、职业在女性成长中的作用 …………………………… 147
　　第二节　女性干部的榜样作用 ……………………………… 149
　　　一、女性干部在工作领域的榜样作用 …………………… 149
　　　二、女性干部在家庭环境中的引领作用 ………………… 152

女性干部心语：家庭对个人成长的影响 ………… 153

第四部分　基层的女性干部

第十章　基层工作中的女性角色 …………… 159
第一节　基层工作需要女性干部 …………… 160
一、基层岗位职能 …………… 160
二、女性干部在基层工作中的重要作用 …… 162
第二节　基层女性干部的工作特点 ………… 163
一、基层女性干部的工作环境 …………… 163
二、基层女性干部的工作挑战 …………… 164
三、基层女性干部的能力提升 …………… 166
扩展阅读：基层"一把手"的心理压力和情绪劳动 … 167

第十一章　基层工作对女性干部成长的意义 …… 171
第一节　基层环境对干部人格的塑造 ………… 172
一、理想与情怀 …………… 172
二、创新与担当 …………… 173
三、谦虚与乐观 …………… 174
第二节　基层工作对干部能力的锻炼 ………… 176
一、细致的工作作风 …………… 176
二、务实的工作导向 …………… 176
三、有效的沟通方式 …………… 177
四、时间管理与学习能力 …………… 178
五、抗压能力 …………… 178

第三节　基层女性干部的胜任力 …………………………… 179
　　　　一、要勇于变革，敢于担当 ………………………… 179
　　　　二、做到自知、自信 ………………………………… 180
　　　　三、善用简约管理的领导艺术 ……………………… 180
　　　　四、善用方圆兼顾的领导艺术 ……………………… 180
　　　　五、善用"来去自如"的领导艺术 ………………… 181
　　　　女性干部心语：回忆录中最闪光的基层经历 ……… 181

第十二章　基层女性干部的领导力 ……………………………… 184
　　第一节　基层领导者的素养与能力 …………………………… 185
　　第二节　基层女性干部的魅力与魄力 ………………………… 187
　　　　一、基层女性干部有傲骨 …………………………… 187
　　　　二、基层女性干部有正气 …………………………… 188
　　　　三、基层女性干部有诚心 …………………………… 189
　　　　女性干部心语：镇里来了个女书记 ………………… 190

参考文献 ………………………………………………………………… 192

第一部分

领导力理论与实践概述

众人划桨开大船，领导角色的使命与责任呼唤领导力，领导者/领导团队的实践与反思塑造领导力，内外环境的改变限制领导力，周而复始，螺旋上升。对这一因果过程的观察与概括形成领导力理论，直接作用于各种形式的领导实践中起到催化作用，交织于领导者不断建构的知识体系中成为个人素养提升的一种体现。

第一章

领导与领导力

领导是一类行为,也是一种角色,归根结底是组织内部聚合与发展必须具备的一系列功能,当这些功能发挥作用的时候,领导力就体现出来了。

第一节 领导与领导者

一、领导/领导者的概念

管理科学中有三种方法可以用来定义领导。领导可以被视为：

（1）地位的象征（如公司的总裁）；（2）人的一个特性（"她"是一个天生的领导者）；（3）行为过程中的一类。

目前普遍认同的定义：领导是指引和影响个体、团体或组织在一定条件下实现所期望目标的行为过程。

其模型是：领导=f（领导者·被领导者·环境）

这个模型的含义是，领导无论是作为一种地位的高低、个人特性的强弱，还是行为过程的效果的评价，其结果都取决于三个因素：领导者、被领导者、环境，而且这三个因素是交互作用的，即在一个因素的不同水平上，另一个因素对领导效果的影响是不同的。

如果把"领导"理解为地位的象征，那么领导函数的大小就取决于领导者的职级、被领导者的数量和管理体系这三者的交互作用。同样是车间主任，在不同规模的企业中地位不同，在高新技术企业和传统企业中的地位也不同，因为企业管理模式不同。

如果把"领导"理解为人的一种特性,即个人身上具有的超越于岗位地位的影响力,那么领导函数的大小就取决于领导者的信用、被领导者的需要,以及环境给予领导者与被领导者互动的空间场域。比如对于人们自发形成的组织,组织存续的时间长短,要看组织的领导者(发起者)是否能够持续地为被领导者(成员)提供他们所需要的物质或精神资源,而成员的需求又时刻受到外界环境变化的影响。

如果把"领导"理解为一类行为过程,就包括对组织内外环境的判断、目标锚定以及组织成员的选拔、任用、激励与培养等行为,通过这些行为,完善组织的结构与运行机制,强化并适时调整组织的功能。这一系列行为的效率与效果,取决于领导者与被领导者的目标、素养、能力是否能够匹配协同,而个人的思想与行为又受外界环境影响,因此这是一个复杂的、相互影响的行为系统。

根据"领导"模型,领导的效力可以无限大,也可以无限小,甚至方向也有无限变换的可能。这正是研究者探索领导科学、领导者与被领导者思考领导奥义,以及部分人执迷于领导角色体验的原因。

二、领导者与被领导者的关系

在上述领导概念中,居于核心位置的是领导者与被领导者的关系。

首先,领导者与被领导者是合作的关系,这是二者关系的本质。领导者与被领导者由于职务职级的差别,往往存在管理与被管理、命令与服从的工作关系，这些是组织结构中赋予领导者与被领导者的角色内容，而不是全面代表两个个人之间的关系。从领导过程的角度来看，领导者与被领导者需要有相同或相容的目标、协同的行动、彼此的配合与支持，需要发挥A×B的力量，才能实现彼此的目标。领导者与被领导者互相成就，也可能互拖后腿。

其次，合作的双方是平等的。领导者与被领导者在人格上、智力上是平等的，都有可能犯错，也都有可能作出突出贡献。领导者不一定要在任何方面都优于被领导者。合作的基础是信任，领导者确信被领导者具有有助于目标实现的价值，被领导者确信领导者拥有优于自己的内在或外在资源禀赋。

再次，领导者与被领导者都是自驱动的。领导者与被领导者都有各自的目标、原则、理念与经验。领导者与被领导者作为活跃的个人，都在不断地对团队行动和团队构成进行评估。领导者要观察并试图影响被领导者的态度、认识、行为，被领导者也要观察并试图选择性地接受领导者的影响。双方的互动始终在变化之中。领导者最大的本事是发动他人做事。

此外，领导者与被领导者也有可能相互转换角色，这既有外界环境需求的影响，也有双方能力与个性发展变化的作用。

总之，领导与被领导可以看作人与人之间的一种互动模式，这种互动模式在团体之中具有较高的效率，同时也具有一定的灵活性，有助于吸引、组织越来越多的人协同完成富有挑战的任务，并在此过程中实现互惠互利。

第二节 领导的功能

一、领导与管理之间的辩证关系

管理的工作是计划与预算、组织及配置人员、控制并解决问题，其目的是建立秩序；领导的工作是确定方向、整合相关者、激励和鼓舞员工，其目的是产生变革。对于组织而言，管理工作是常见的、频繁的、显性的、条理明晰的，领导工作有时与管理工作交织在一起，有时则"润物细无声"地进行。

管理行为是领导行为的一部分。领导行为的关键是驱动他人，遵照一定的规则和程序，助力于某项目标的达成。这个过程，不仅涉及情绪调动、利益促发、意志强化，还涉及行为的管理与监督。一个称职的领导者，首先要会管理。有一些胸怀大志、头脑卓越而得到广泛追随的人才，却不能胜任领导岗位，往往弱在管理。

领导和管理工作在理念上有明显差别。领导关注做人，关注人的尊严、人的价值、人的潜能、人的激励和发展。如果说管理侧重技术和手段，侧重过程和方法，那么领导侧重人文和目的，侧重结果和艺术。优秀的管理模式可以引入、套用，成功的领导案例往往用于研讨、借鉴。总之，从领导行为的角度来看，领导者是决策者，管理者是执行者。

二、领导的一般功能

1. 组织功能

领导或领导团体通过组织机构实现组织目标。包括设计设置适当的组织结构，并为组织结构中各个职位配备合适的人员。比如公务员的选拔、聘任、考评、培训，就是组织人事部门代表领导团体履行组织功能，企事业单位的人员配备职能通常表现为选人、用人、评人、育人、留人等。

2. 激励功能

激励和引导组织成员以使他们为实现组织目标作贡献。为使领导工作有成效，管理者要了解个人和组织行为的动态特征、激励员工及进行有效的沟通，只有通过有成效的领导，组织的目标才有可能实现。

三、领导的角色功能

领导的角色功能包括：方针、计划、执行、专家、法人、内部调控、赏罚、仲裁、示范、象征、替身、理想者、奉献者等。这些角色功能中，有一些是领导岗位所赋予和要求的，如方针、计划、执行、法人、内部调控、赏罚、仲裁、象征等；有一些是被领导者期望的，领导者如想促成与被领导者的良性互动与合作，就需要自觉履行，如专家、示范者、替身、理想者、奉献者等。

岗位授权的领导角色，通常有组织结构和管理体系明确规定的角色要求和评价方法。被领导者期望的功能性角色，则需要领导者根据组织需要、自身能力以及环境变化酌情增减。比如，通常所说的"技术型领导"就身负专家、示范者的角色。再比如，在与外部组织和被领导者交流时，领导者身负本单位甚至上级单位"替身"的角色，无论是政府还是企业单位，无论具有何种何级领导职务的领导者（管理者），在群众眼中都代表了整个政府/企业组织。

树立理想和垂范奉献是领导者的角色功能中特别重要而又容易被忽视的功能。这两个功能既是上一级管理体系对下一级的要求，也是被领导者对领导者的期望。作为理想者的领导，为自己所领导的组织和工作团队明确工作方向、树立工作质量标准、激发内在工作动力、提供困境中的精神支撑，这需要领导者具有坚定的意志和优秀的心理素质。作为奉献者的领导，将成为组织中最不可或缺、难以替代的个人，他/她是组织管理工作有效推行的基础，是组织内部"公平"感知的标杆。领导者与被领导者一样，通过向组织提供持续的、被环境认可的个人价值，获取并增强力量，实现目标。

四、领导需要具备的四种力量

1. 定力

定力是对目标的坚持。一个领导者如果没有定力，就可能会犯方向性错误，这是最重大的错误。定力最主要的来源是领导者个人的理想和信念。理想和信念可以很宏观、很远大，也可以很朴素、很具体，直接的表现就是领导者的底线。定力还有一个来源是对规律性的认识。无论什么事情都是有规律的，只要我们把握住规律性，就能看清问题把握趋势，然后找到对策，对问题做出科学性的解释，找到一个最合理、最有效的办法。从实际出发，按规律办事，最后用时间检验，这就是实事求是。

2. 决策力

在定力的基础上，遇到难题的时候理解情境、选择对策的能力就是决策力。领导者身负多重角色，经常面临相对复杂的问题，必须抓住一个根本的问题解决，这就显示了领导的智慧。既要遵循道，按规律办事，又要把握方法。所有问题中最核心、最本质的问题，就是人心问题。三国时期曹魏权臣司马懿擅于揣摩人心，曾两次被帝王临终托孤，执掌兵权。在与蜀相诸葛亮对阵五丈原时，司马懿指示下属"坚壁拒守，以逸待劳"。诸葛亮数次挑战，并送去妇人的服装羞辱司马懿，为平息部属不满情绪，司马懿故意装怒，上表请战。魏明帝不许，派军师来节制司马懿。诸葛亮一来挑战，司马懿就要带兵出击，军师杖节立于军门，司马懿便不出兵。诸葛亮对部下说："彼本无战情，所以固请战者，以示武于其众耳。将在军，君命有所不受，苟能制吾，岂千里而请战耶！"司马懿在给弟弟的回信中评价诸葛亮："亮志大而不见机，多谋而少决，好兵而无权，虽提卒十万，已堕吾画中，破之必矣。"可见人心就是军情，不仅要善于分析，更要善于通过果敢的行动施加影响。一个领导者必须获得人心，这样在遇到困难的时候才能够找到依靠的力量，并通过集体的智慧找到有效的方法，最终战胜困难、解决问题。

3. 执行力

执行力也可以称为行动力，它是组织管理中的一个重要环节。作为领导者，执行力需要依靠勇气和担当。有个成语叫"有胆有识"，领导者首先应该有识，然后才有胆。如果有胆无识，那就是盲目蛮干。做好决策，并做好解释与交流，把对策和责任想明白，就会勇往直前。勇往直前的勇气源于自信，有时甚至看不到胜利的希望，但是仍然坚信自己所选择的是唯一正确的道路。

4. 风险防范能力

在变化的环境中，没有人能保证决策永远正确，也没有人能保证执行永远顺畅。领导者的职能不只是带领队伍前进，还要尽可能保证队伍的安全。有困境、有挫折，就意味着有风险，领导者需要尽最大可能预见风险、减小损失、抚平创伤。要预见风险，就需要保持思维和经验的开放性，对组织内外环境时刻处于广角扫描状态。如果领导者个人力有不及，需要借助领导团队的力量，以及行业专家的力量。要减小损失，一是要及时"止血"，二是要靠底线思维。及时"止血"有时需要壮士断腕的决心，这就要有保障，必须守住什么样的底线。"止血"的同时也要根据形势的变化，及时做出调整，抓住坏事变好事的机遇，这是抚平创伤、重建秩序的一种手段。

思考小结

如何定义组织中的领导者

在组织中,很多人同时扮演着领导者和被领导者的角色。我们如何定义自己的这两个角色,如何履行这两个角色的要求?相应地,我们如何理解与自己相关的他人身上的这两个角色,如何基于角色特点做好沟通与协作?

对这些问题的思考和实践探索,将有助于我们更加全面地理解领导职能和组织中的领导者。

第二章

领导力的主要理论

　　实践出真知,每一个有经验的领导者都有自己的领导力理论,并以此指导自己的实践。研究者在集合了大量个人领导经验的基础上,概括出在特定社会文化环境中具有广泛适用性的领导力理论,为陷入个人思维局限的领导者打开视野、扩展格局。实践无止境,理论常知新。

第一节　西方古典领导力理论

近代，关于领导力的研究首先是从领导研究开始的。西方学界从19世纪末就开始研究个体的领导行为对整个组织的宏观影响。无论是20世纪初兴起的着重研究领导者人格特质的领导品质理论，还是20世纪40年代影响颇深的领导行为理论，包括之后的领导权变理论、领导归因理论、交易型与转化型理论等，一个明显的研究趋势就是从微观的领导者行为的角度上升到对整个组织交互作用的影响。

早期西方研究者对于领导力的研究集中于企业和政府中的杰出领导者，试图从中发现共性规律，取得了丰硕的理论成果。基于领导力结构中的领导者、被领导者、环境三者相互作用的无限种可能，领导力的理论研究也有不同的侧重点和分析方法。运用系统方法和比较方法，将领导力理论中维度或变量相同归为一类，可将西方领导力理论分为领导力精神—心理特质理论、领导力行为理论、领导力关键因素理论和领导力研究综合理论（简文祥，王革，2014）。

一、领导力精神—心理特质理论

领导力精神—心理特质理论，主要从个体的精神—心理方面或维度探讨领导者在精神—心理方面不同于一般人的特征。该派理论主要有领导特质理论、魅力型领导理论、伦理领导论和诚信领导论。

1. 领导特质理论

领导特质理论强调的是个人品质特征，探寻能够把领导者与非领导者区分开来的个性、社交、生理或智力方面的属性。但试图分离出领导特质的早期研究大多以失败告终。随着心理学研究中的五大人格理论（外倾性、情绪稳定性、开放性、随和性、责任心）出现及推广，领导特质大都可以被归纳到五大人格的某个维度之下。研究表明，优秀的领导者确实存在某些共同的重要特质。柯克帕特里克和洛克（1991）研究发现，领袖普遍具有六种素质，即进取心、领导欲、诚实和正直、自信、才智、工作相关知识。史密斯和福提（1998）的研究发现，特质理论可以更好地预测领导者和领导能力的出现，而不是真正地区分有效和无效的领导者。

2. 魅力型领导理论

魅力型领导理论是指领导者利用其自身的魅力鼓励追随者，并做出重大组织变革的一种领导理论。德国社会学家韦伯（1998）认为，"魅力"是领导者对下属的一种天然吸引力、感染力和影响力，是由被领导者承认决定的。研究者罗伯特·豪斯

（1977）认为，魅力型领导者有三种个人特征，即高度自信、支配他人的倾向和对自己的信念坚定不移。由此可以发现，魅力型领导理论与领导特质理论比较相似，都是从个体的心理—精神结构特征来探讨领导者所具有的心理—精神特征。魅力型领导理论可以看作特质理论的抽象，其展开必然与领导特质理论相同或相近。

3. 伦理领导论

伦理领导指个体领导者的品格及领导行为中包含着伦理或道德的特征。如果一个领导者的行为总是与道德的标准保持一致，那么这个领导者的行为就是道德的。道德行为是通过道德的目的和手段来进行判断的。如果行为的结果很好地实现了自己的目的并且是有利于他人的，那么这种领导也被认为符合伦理。

4. 诚信领导论

阿沃利奥（2004）等学者认为，诚信领导者拥有高水平的诚信，理解自我及自己的信仰和价值观，他们的行动建立在自己的信仰和价值观之上，并且在行动时能够毫无隐瞒地与其他人互动。诚信领导者率直、开放，勇于承认自身的不足，并对自己的行为负责，愿意为下属的成功做出承诺，鼓励下属养成诚实和正直的品质。这些领导行为将会促使下属对领导者及其价值观、信念和目标的认同（即个人认同）。诚信领导者还会通过创造一种更深层的道德价值感，以及在与下属的交往过程中所表现出的高水平的诚实和正直来增加下属的社会认同。

二、领导力行为理论

领导力行为理论主要回答领导者做什么、怎么做，涉及领导任务、领导风格、领导方式。这一组概念在领导行为理论中往往是相似、相同或包含关系。领导行为理论主要有：权力维度的领导力行为理论、任务—关系维度的领导力行为理论、领导过程维度的领导力行为理论、领导职能维度的领导力行为理论、领导能力的领导力行为理论等。

1. 权力维度的领导力行为理论

美国爱荷华大学的库尔特·勒温教授（1939）及其同事认为，领导行为具有独裁、民主和放任三个维度。他们的研究奠定了领导行为理论的基础。

2. 任务—关系维度的领导力行为理论

美国俄亥俄州立大学的斯托格迪尔（1948）带领研究团队通过对大约2000名领导者的行为进行观察，归纳出领导定规和关怀两类维度。美国密歇根大学的贾德（2004）通过对领导行为进行研究，得出了领导行为的两个维度：任务导向和员工导向。任务导向的领导追求组织目标过程中如何界定自己和员工的角色，包括对工作、工作关系和目标进行组织。员工导向的领导倾向于与下属在工作关系中建立互信，尊重员工的想法和情感。

3. 领导过程维度的领导力行为理论

美国塔夫茨大学的斯滕伯格（2007）提出WICS领导力系统

模型，把领导力看作一个人形成决策、做出决策和执行决策的能力。这个模型包含三个成分：创造力、智力和智慧。这三个成分都包括技能和倾向性。该模型的一个基本观点就是要将这三个成分整合在一起才能高度有效。

4. 领导职能维度的领导力行为理论

领导职能指领导所具有的功能或应起的作用。领导职能和领导行为直接相关。领导职能维度的领导力理论主要有文化领导论、愿景领导论、变革领导论。文化领导论者沙因（1985）认为，领导过程和文化建设过程紧密相连。因为文化可以解决组织外部适应（确定组织的任务、目标、方法、标准等）和内部凝聚（发展共同语言、确定团体边界、权力和地位以及成员关系等）等一系列问题。约翰·科特（1990）也提出："从某种程度上说，以领导力为核心的企业文化制度化是领导的最终目标。"

愿景领导论者本尼斯（1984）提出，杰出领导者的四大能力包括愿景和目标意识、表达愿景的能力、执着地实现愿景、发挥自我优势。归根结底阐述的是一种愿景能力。领袖的特质在于凝结集体智慧来构建共同愿景的能力，愿景是领导的核心。愿景领导论者圣吉（1998）认为，共同愿景一方面作为一种共同的感知框架来帮助领导者和追随者归属于一项重要的任务、事业或使命，诠释过程中的事件和行动；另一方面，组织愿景与个人愿景互动成长，有助于建立起学习型组织。

在20世纪70年代末，世界经济不断发展，科学技术日新月异，社会环境越来越趋于全球化，企业所面临的经营环境日益信息化与多元化。这些进步也给社会带来了更多的不确定性，使管理者和领导者面临着严峻的挑战和考验，在这种时代背景下，诞生了变革型领导理论。该理论的提出使整个领导学界产生了一次巨大的革命，成为近二十年来学界和企业界共同关注的焦点。美国学者伯恩斯（1978）认为，变革型领导是领导者通过让员工意识到所承担任务的重要意义和责任，激发下属的高层次需要或扩展下属的需要和愿望，使下属为团队、组织和更大的政治利益放弃个人利益。亨利·明茨伯格和科特（1990）论证了领导的重要职能之一是面向未来，推动变革。阿沃利奥（2007）将变革型领导行为的方式概括为四个方面：理想化影响力、鼓舞性激励、智力激发和个性化关怀。具备这些因素的领导者通常具有强烈的价值观和理想，他们能成功地激励员工超越个人利益，为了团队的伟大目标而相互合作、共同奋斗。巴斯（1993）等人通过一系列研究，验证了魅力和感召力、对下属智力激励、与下属的人际关系是变革型领导行为的三大组成要素。

5. 领导能力的领导力行为理论

本尼斯（1984）研究了90名美国最有成就的领导者之后，发现魅力型领导者有四种共同的能力：有远大目标和理想；让下级明确这种目标和理想，并使之认同；对理想贯彻始终和执着追求；知道自己的力量并善于利用这种力量。领袖的特质在于凝结集体智慧来构建共同愿景的能力，这是领导能力的核心。

后来，本尼斯（2007）提出所有领导者可仿效的六种能力：创建（使命）愿景，激发其他人因使命而追随他们，为下属创建适宜的社会平台，建立信任和乐观的氛围，使其他领导者进步，最终实现目标。美国学者哈格斯、吉纳特、柯菲（2007）区分了基本领导技能和高级领导技能。基本领导技能主要有：从经验中学习、沟通、倾听，果断提供建设性反馈；有效的压力管理；配置人员—职位的能力；与各级同事构建良好关系的能力；设置目标；奖惩；召开会议。高级领导技能主要有：授权，调解冲突，谈判；解决问题，提高创造力；诊断个人、群体及组织层面的绩效问题；工作团队的塑造，高层团队的构建；领导力开发计划。美国领导学学者卡斯曼（2008）认为，领导是由内向外的，领导不是一个人所做的事情，它源自个体内部的某个地方。一个领导者可以通过七种路径实现由内至外的领导，这七种路径分别是：目标控制、变化控制、人际控制、本质控制、平衡控制、行动控制和个人控制。事实上，卡斯曼提出的七条路径也就是领导者必须具备的七种能力。

三、领导力关键因素理论

领导力关键因素理论指研究者通过领导力的某个或某些关键变量来构建模型或理论。主要有权变理论（费德勒模型）及领导—成员交换理论。费德勒权变模型描述了领导关系（领导和成员间）、任务结构（任务有序化程度）和职位权力（行使权力的有效程度）的不同组合，构成不同的领导情境，不同的领导情境与不同的领导风格（任务导向和关系导向）相匹配，导致不同的绩效。影响领导效果好坏的三方面情境因素分别是：

1. 领导者与被领导者的关系

下属对其领导的信任、喜爱、忠诚、愿意追随的程度，以及领导者对下属的吸引力。

2. 工作任务的结构

下属担任工作的明确程度，包括工作内容与绩效标准、分工与协作机制、责权分配与奖惩机制等。

3. 领导者所处职位的固有权力

与领导者职位相关联的正式职权以及领导者从上级和整个组织各个方面所取得的支持程度。费德勒模型表明，任务导向的领导者在非常有利的情境和非常不利的情境中表现得更好。领导—成员交换理论指出，由于时间压力，领导者与下属中的少部分人建立了特殊关系。这些个体成为圈内人，他们受到信任，得到领导者更多关照，更可能享有特权；而其他下属则成为圈外人。

研究者巴斯不认同交易型领导和变革型领导是两种截然不同的领导类型，他认为，交易型和变革型是两个相对独立的领导行为维度，可以体现在同一个人身上。

四、领导力研究综合理论

领导力研究综合理论指出，研究者在构建领导力理论过程中，在一定程度上综合了领导力个体精神—心理结构理论、领导力行为理论等。这方面的理论主要以科特、钱门和奥内尔为代表。

1. 以科特为代表的领导力理论

20世纪90年代初，科特集魅力领导论、愿景领导论、变革领导论和文化领导论之大成，对领导理论进行了综合，较为系统地提出了领导力理论。其主要观点有：

（1）从核心领导行为视角界定领导力概念。即领导力是与领导风格、技巧、情境无关的核心领导行为，这个核心在不同的时期、文化环境和行业中都基本不变。即领导是制定愿景和战略的过程，是把战略背后所需相关人员联合起来，克服阻碍，实现愿景，向个体授权的过程。

（2）区分管理和领导概念。管理是面向现在，应对复杂性，是通过计划、预算、组织、人员配备、控制和解决问题来维持现有体系运作的一种活动。管理通过层级和系统发挥作用，它更有原则、不涉及感情。领导面向未来，推进变革。领导是变革的推动力。领导通过个人和文化发挥作用，它是软性的、热情的。

（3）解释了领导力产生的源泉。即领导者的使命感、愿景力、奉献精神是领导力产生的源泉。

（4）明确规定了领导的职能。领导的作用是确立方向、计划和预算；结盟、组织和配备人员；激励他人、控制和解决问题；创建领导文化；面向未来，推进变革。

（5）论述了领导与愿景、变革、文化之间的相互依存关系。领导过程是愿景构思、传播和实现组织变革的过程；愿景是领导的核心和文化创建的载体；组织文化是推动和制约变革的关键因素；愿景沟通和实现过程就是文化传播和形成的过程等。

（6）指出了领导力与非正式权力网络相关。

（7）论述了现代团队领导。真正意义上的"领导团队"无所谓职位的高低。在领导团队中存在多种领导角色，由于领导者认知能力和角色的差异，不同领导角色之间在规划与制定愿景、建立关系网络、控制和激励的承担上有所不同。领导团队内部以一种非正式的方式分配领导角色。

2. 以钱门和奥内尔为代表的领导六要素论

美国学者钱门和奥内尔（2004）认为，领导力形成包括六个要素，即充满理想色彩的使命感、果断而正确的决策、共享报酬、高效沟通、足够影响他人的能力和积极的态度。同时，领导力深深扎根于其赖以生存的土壤——被赋予力量的被领导者之中，领导者的力量来源于被领导者而不是他们的上级。他们还给出了领导力公式，领导力是充满理想色彩的使命感、果断而正确的决策、共享报酬、高效沟通、足够影响他人的能力这五个要素之和与积极态度的乘积。

综上所述，领导者领导力精神—心理特质理论、领导力行为理论、领导力关键因素理论和领导力研究综合理论这四个方面的理论是互补、交叉甚至互为包含的。其中每一种理论都对领导力理论有不可替代的贡献。

领导力精神—心理特质理论重在从个体心理学维度，探讨领导者不同于一般人的精神—心理特征。特质论、魅力论、伦理领导论、诚信领导论等，一方面区别于一般人，要求领导在一系列精神—心理品质层面要高出一般人，这只是确保成功领导的一个方面；另一方面，领导者精神—心理层面的特质不能保证领导者在实践中明确领导者职能，采取合理的领导方式，取得尽可能高的绩效。另外，从个体精神—心理层面建立领导力理论，仍然需要重新整合。

领导力行为理论包括权力维度的领导力行为理论、任务—关系维度的领导力行为理论、领导过程维度的领导力行为理论、领导职能（构建组织文化，建立、实现组织愿景，领导变革等）维度的领导力行为理论、领导能力的领导力行为理论。这些观点在理论上丰富和发展了领导力理论，在实践上，为领导者采取何种领导方式、领导行为提供了参考或指导。但领导行为理论也只是领导力理论的一个组成部分，它难以独立发挥有效作用。领导方式、领导行为的形成或选择既受领导者个人精神—心理特征的影响，也受领导环境（情境）、领导对象、任务特征等因素的制约。另外，从领导行为层面构建领导力理论也需要重新综合。可以看出，领导行为理论与基于个体精神—心理结构的领导力理论是互为补充的。

领导力关键因素理论是指研究者通过领导力利用某个或某些关键变量来构建的模型或理论，主要包括权变理论（费德勒权变模型）、领导—成员交换理论等。这些理论也都是领导力理论的有机组成部分，但其不足之处也是明显的。领导权变理论指出了领导行为（方式或风格）依领导情境而不同，为领导力理论研究提供了一个新的研究维度。但其领导情境变量（包括领导关系、任务结构和职位权力）和领导风格变量（任务导向和关系导向）还不够系统、充分；最难共事者量表无法得到人们的理解；受试者打分具有不确定性。领导—成员交换理论指出了领导团队的一种特殊现象，这种"小圈子""小山头"现象属于领导成员结构问题，或领导团队建设问题，是领导力理论中的一个关键因素。可以看出，领导力权变理论与基于个体精神—心理结构的领导力理论互为补充，与领导力行为理论具有交叉性。领导—成员交换理论与基于个体精神—心理结构的领导力理论、领导力行为理论互为补充。

领导力研究综合理论，研究者在构建领导力理论过程中，在一定程度上综合了领导力个体精神—心理结构理论、领导力行为理论等。科特的领导力理论借鉴领导行为理论，明确提出领导者的核心领导行为是制定、实现愿景和战略，推进变革的过程。其对领导职能、领导力源泉、团队领导、非正式权力网络等做出了分析，在理论上丰富了领导力理论，在实践上对领导者具有更为直接的指导作用。但是，科特的理论集中于领导力理论的核心内容（与领导职能、领导任务等相关的领导行为），忽视了领导者精神—心理、领导环境对领导行为的影响。钱门和奥内尔的领导力六个要素理论（包括充满理想色彩的使命感、果断而正确的决策、共享报酬、高效沟通、足够影响他人的能力和积极的态度）主要体现了个体精神—心理（充满理想色彩的使命感、足够影响他人的能力、积极的态度）和领导行为（果断而正确的决策、共享报酬、高效沟通），忽视了领导环境对领导行为的影响。

第二节　东方传统领导力理论

回望中国古代流传几千年的优秀传统文化，我们可以从中汲取很多关于现代领导力的精华和营养，从中借鉴诸多内容。无论时代如何进步，经济如何发展，古代优秀传统文化的精髓依然值得今天的我们仔细品味。因此，领导力研究的一个新的趋势就是逐渐加强本土化，其研究重点在于如何发展起源于本土的领导理论，而不是单纯地照抄照搬西方的理论。

一、东方传统领导方式

1. 家长式领导

从目前国内文献中对于中国古代传统文化的借鉴成果来看，有相当一部分文献都和家长式领导有关。家长式领导在中国各类组织中一直是主要的领导方式，它根植于几千年来中国传统文化中差序格局和等级观念的深刻影响，研究家长式领导的领导风格对于组织的影响一直是学界重点关注的话题。研究者李青（2009）认为，家长式领导根植于中华文化背景，具有强烈的民族色彩，但近年来逐渐在一些拥有不同文化背景的国家和地区兴起，这表明家长式领导的重要性在一定程度上越来越被认可。

周浩（2005）基于家长式领导在中国各类企业中至关重要的地位，着重从仁慈领导、权威领导、德行领导等维度去分析家长式领导的文化基础，介绍了家长式领导的理论及测量工具。陈璐（2013）等人在家长式领导对高管团队有效性的研究中证明，道德潜在影响、人性化领导对团队凝聚力的影响是正向的，威权领导对团队凝聚力的影响是负向的。张超、王安民（2020）的研究进一步发现，仁慈领导和德行领导对差序氛围均有显著的负向影响，仁慈领导和德行领导对团队凝聚力产生正向影响；差序氛围在仁慈领导、德行领导与团队凝聚力之间具有中介效应。三者之间的关系可以为领导者提供一定的借鉴意义。

2. 领导胜任特征

研究领导胜任特征是深入挖掘优化领导力方法的重要途径。国内外研究者普遍认为能够决定领导者具备领导力的核心要素主要包括科学决策的能力、激励他人的能力、团队合作精神、洞察力、执行力等。

中国学者对于领导力构成要素的认识表现出较强的中国传统文化特点，在研究结果中经常提到品德、职业道德、树立模范等品质特征方面的要素。可见，在中国传统文化中，思想和价值观对于一个组织的领导者而言是提升领导力必不可少的条件。

李燕菲（2019）高度肯定了中国传统文化对于提升领导力的重要作用，认为二者之间有着密切的联系。她认为，中国传统文化对于领导力的影响是双向的，有正向影响也有负向影响。中国传统文化中对于领导力的正向因素，有忠义、和谐、共生、敬业等品质；中国传统文化中对于领导力的负向因素，有等级观念、权力观念、个性、势力等。任多伦（2011）首先从传统文化中对管理和领导加以区分，接着讨论了领导力中的授权，最后，指出我国内向型的民族性格、自悟式的思维方式、伦理道德与社会和谐相统一的心理特征的来源，从各家学说中提炼出来适合于现代管理学的思想和价值观，以供领导者借鉴、思考。

从领导风格的角度，冯江平、罗国忠（2009）找到了传统文化和魅力型领导二者间的关系。研究发现，在我国背景下，普遍认同的魅力型领导行为主要包含创新、亲和力、关爱员工、业务能力和远景规划这五部分，领导者只有具备这五种特质才能被员工所追随，才能被认为是魅力型领导。

二、东方有效领导理念

中国传统文化的精髓中有很多可以被借鉴到现代管理学和领导力中的营养。学者原理（2015）认为，当今西方主流的领导力研究虽然被很多国家所借鉴，但是有它固有的劣根性和缺陷，层出不穷的商业丑闻引发了人们对伦理型领导力的呼唤。以利益至上为终极目标的西方领导力理论受到了越来越多的质疑。研究者从批判的角度构建了一种用儒家的德性观塑造适合中国本土领导力的设想，呼吁整个社会把儒家德性领导力引入企业和组织中，注重伦理道德观念的培养。李明、凌文辁（2011）的研究为我国选拔和提拔干部时"以德为先"的标准提供了科学的理论支撑。他们的实证研究结果表明，领导者的品德、个人魅力和模范表率作用对下属的行为态度产生了积极的正向影响。

张泽一（2008）从古代传统文化的宏观角度，更具体地提炼出儒家思想的精华，从儒家思想的宏观体系中更加微观地提炼出精髓——"仁""礼"和"中庸"思想，具体阐述了这三种思想对于领导者的启发。只有三者相互补充，才能相得益彰，这对于提高组织的领导力有着重要的启迪作用。

陈建勋、凌嫒嫒、刘松博（2010）对高层领导者的领导行为进行了研究，发现很多领导者在工作中都会运用中庸思维来处理问题，这种中庸思维对组织的绩效和员工满意度的提升都能起到很好的促进效果。高层领导者的中庸思维对组织两栖导向[①]和组织绩效有显著的正向影响，中庸思维的核心是和谐性、整合性、多

---

① 组织两栖导向表明一个组织同时从事两种差异性很大的任务的能力，比如生产效率和灵活性、低成本和差异化战略定位、全球化和本土化经营。

方思考，这对于促进企业的公平性，提高员工的工作积极性有着不可忽视的重要作用。

梁红霞（2015）结合习近平总书记对于干部要"修身"的指示，强调古人对于"修身齐家治国平天下"的君子行为的重要性，建议领导干部在实际的领导工作中要不断修炼自己的领导能力，要从传统文化中去修炼，去汲取营养，这样才能为人民群众更多地办实事、办好事。

高飞（2016）从哲学和现代领导力的创新角度出发，从中国传统哲学观中选取了具有代表性的四个思想流派，分别是儒家的格、致、修、齐、治、平理论，释家"六和敬"理论，老子的自然权变理论，墨家的兼爱理论，打破了以往学者只注重研究儒家思想的束缚，兼顾了各家学派，而且他认为它们在理论根源上都是一致的，其核心皆在于破除了主观与客观的隔阂对立，强调领导者和被领导者的和谐统一。

传统管理文化中有很多精华可以被现代管理学借鉴，比如"重义轻利""经世致用""自明诚""知行合一"，这都可以理解为领导者要注重道德品质的培育，要在实践中不断提升领导力，成为真正的君子。

三、东西方领导文化对比

如何提升跨文化管理背景下的领导力是近年来学界重点研究的领域。通过东西方文化的对比，探究东西方领导者领导风格差异的根源，并且从二者的联系和差别中探求新的普适性的能够提升领导力的途径和方法。

1. 东西方领导文化差异

研究者修文荣（2009）指出，由于东西方文化差异和文化背景的不同，东西方领导思想在实践中也存在着较大差异，具体体现在决策、用人、激励、指示、协调等诸多方面。比如，在决策方面，东方领导更倾向于采用经验决策，而西方领导在分析问题时，更注重量化和数据佐证；在用人方面，东方领导倾向于以德为主，西方领导更注重能力、业绩；在激励方面，东方领导强调和谐，追求结果平等，西方领导提倡公平竞争，优胜劣汰。

郭华（2009）把中西领导文化作了比较，从中获得了深刻的启迪。他提出，中国传统以人为中心的人文主义管理文化，比西方古典以事为中心的科学主义管理文化更接近领导科学的内涵。西方的管理以工作为中心，它注重对事的管理，重视做事的程序、方式、效率，将科学化、标准化引入管理；东方的管理以人道、仁义和群体为核心，以心理情感为纽带，以情理渗透为原则，更关注人际关系。

2. 东西方领导文化融合发展

在看到差异的同时，研究者关于未来东西方领导文化的发展方向也有共识，那就是融合发展。东西方领导思想也同时存在着很多相似性，有研究者认为，儒家思想和同时代古希腊柏拉图的思想很接近。例如，东方管理思想也是从人性本质的分析开始的。儒家中孔孟主张"性本善"，而差不多同时代的柏拉图也认为"理想国"的管理者应当是"哲学王"，也主张"人治"，这些思想都是共通的。

随着各民族文化交流的拓展，中西方领导文化也正在加速融合、发展、创新。中国优秀传统文化对于提升领导力具有极其重要且关键的作用。比如，从思想方面去培养领导者现代领导思维和中国传统文化相结合的观念，培养"正人先正己"的领导行为思想、"人之能群"的组织领导思想、"民本主义"的为官思想，以此来提升团队领导力。

思想指导实践，中国优秀传统文化对于领导者的世界观、人生观、价值观均有深刻的影响，对领导者思想境界的升华也有重大的意义和作用。充分发扬当前我国政治思想、价值理念领导的优良传统和政治优势，将对基于价值观的领导理论的创新发展作出更大贡献。

第三节 现代领导力理论

一、团队领导理论

领导活动在现代社会中常常发生在工作团队情境中，随着工作团队的数量增多，领导者作为这一团队工作的带领者也变得更加重要。"一只狮子带领一群羊绝对可以战胜一只羊带领的一群狮子"。新时代的团队领导，已经不再强调个人主义，有些年龄偏大的领导者以前从事的是命令与控制类型的工作，而如今他们没有接受过培训以应对工作团队的变化。研究表明，只有15%的管理者天生就是团队管理者；有15%的人永远也不可能领导团队，这跟他们的个性相悖；另外有很多人处于中间地带，对他们来讲，团队领导力不是与生俱来的，但是他们可以学会。成员要以统一的声音来面对市场和顾客，也要有能力作为个体来交谈；要朝着统一的方向努力，也要以一种特殊的方式与组织的宗旨建立联系。

团队领导者的工作可以通过两个方面来关注：对团队内部关系的领导行动和对团队外部环境的领导行动。

1. 团队内部关系的领导行动

领导者会在团队成员人际关系发生冲突时介入冲突管理；在团队气氛沉闷时建立责任机制；用过去的成功来团结成员；在团队成员间建立有效的沟通渠道，以适当的行为教导团队成员。内在领导行动主要分为两部分，任务要素和关系要素。任务要素包括锁定目标、追求结果、促进决策制定、培训和保持卓越标准；关系要素包括教导、合作、处理冲突等各方面的人际关系。

2. 团队外部环境的领导行动

现实生活中的特点是较大组织和社会环境的子系统。为了保持活力，领导要根据外部环境的变化确定并采取行动来提高团队效力。领导者要积极建立网络，完善基础设施，并且积极倡导团队成员达成目标一致，不断评估。对外部合作者要积极谈判，缓冲干扰，更要经常分享信息。

二、诚实领导

诚实领导是领导学研究的新领域之一。人们渴望诚实善意的领导者,从而使诚实领导的研究变得及时且有价值。罗伯特·特里(1993)和比尔·乔治(2003)对诚实领导理论进行了一些模型分析,从三个方面来阐述:内心定义、发展定义和人际定义。

1. 内心定义

从个人内心角度看,诚实领导主要关注领导者及其想法。它融合了领导者的自我知识、自我调整和自我概念。沙米尔和艾兰指出,诚实领导展现了真实的领导,基于信念来领导,主张诚实领导的发展主要依靠领导者的现实生活,也依赖于领导者生活经历的内涵。

2. 发展定义

诚实领导可以从发展的角度来定义,这在阿沃利奥和他的合作者的著作里提到过。从发展的角度来看,诚实领导被认为是领导者可以通过培养具备的一种能力,而不是一种固有的特质。诚实领导能力在人的一生都会得到发展,而且可以由生活中的一些重大事件来引发,比如严重的疾病或者新的职业生涯。

3. 人际定义

这种视角认为诚实领导是相互关联的,它不仅是领导者努力的结果,而且是追随者响应的结果。领导—成员的交换作用可以反映这一过程。领导者要想让自己变得值得信赖,就必须是一个有创造力的人，这样才能保证组织成员对领导者有信心。因为他们知道领导者比自己看得更远、更好。因此，只有领导者才是带领他们前进的人。

三、后现代①语境下的逆向领导力

逆向领导是基于对不确定性的控制而产生的微观权力，在微观权力的支撑下，形成一种新型的领导—追随关系，这种新型的领导—追随关系相对于传统的领导与被领导的关系来说是逆向的，即下级"领导"上级，其目的在于实现既定组织目标。逆向领导力就是这种通过逆向领导实现组织目标的能力，它既是一种个体能力，也是一种组织能力。逆向领导力的主要内涵包括如下三个方面。

1. 领导主体的离心化

传统领导力反映了主体对客体的作用力，这种主客体二分法往往造成主客体之间的二元对立，无法调和。在后现代语境下，主体与客体的二分法不再适用，不再强调主体对客体的单向作用，而是强调主体与客体的相互作用，主体不再居于中心地位，而是主体与客体都居于中心地位，更加准确的描述是主体的离心化、主体间性领导。"主体离心化"指主体不再居于中心地位；

---

① 后现代主义是20世纪60年代以来在西方出现的具有反西方近现代体系哲学倾向的思潮。后现代主义源自现代主义但又不同于现代主义，是对现代化过程中出现的剥夺人的主体性和感觉丰富性的整体性、中心性、同一性等思维方式的批判与解构，也是对西方传统哲学的本质主义、基础主义等的批判与解构。

"主体间性领导"指主体不再像之前那样一直居于领导地位，而是不连续地居于领导地位。

在逆向领导中，为了发挥逆向领导的优势、功能和价值，下级被赋予了更多的权力和责任；同样，为了保障逆向领导的秩序和有效性，上级也被赋予了更多的权力和责任。虽然表面上逆向领导是相对正向领导而言的，但实际上，在逆向领导中，无论是上级还是下级，都处于重要地位，两者相互作用、互为主客体。上级不再是唯一的中心、唯一的主体，下级也不再是唯一的客体，即所谓主体的离心化。这种领导主体的离心化，有助于同时发挥主客体的积极性，也有助于化解在后现代语境下主客体二元对立的困境。

2. 领导权力的微观化

超越主体对客体的控制在后现代语境下，支撑逆向领导的权力不是来源于嵌入法律、制度和行政命令中的普遍性权威，而是来源于知识和对不确定性的控制。在现实中，具体的不确定性因素事实上是权力的重要来源。在后现代语境下，基层员工对于任务完成的约束条件、环境的变化等不确定要素的了解更加直接和及时，在处理不确定性状况时具有更加优越的条件，如果基层员工具有敏锐性和处理这种不确定性的能力，那么他们就具有了逆向领导的权力。所以，在逆向领导中，下级"领导"上级的权力来源不是基于组织的宏观命令与控制体系，而是基于不确定性知识在微观领域中的协商性交换，是一种微观权力博弈行为。领导权力的微观化是逆向领导的重要特征，超越了传统领导中主体对客体的单向控制。

3. 领导方式的权力变化

跨越影响机制的机械隐喻：领导力研究的重点在于挖掘领导有效性的影响因素和内在机制。基于"理性人"的基本假设，在现代语境下，一般领导力为因变量，影响因素为自变量，影响机制被描述为中介变量和调节变量，影响逻辑被描述为变量之间的线性关系。按照这种逻辑，领导力的形成则陷入一种机械主义的陷阱，只要满足某种条件，输入某种领导力影响因素，则必然会形成领导力，实现有效领导。这种逻辑的关键缺陷在于对不确定性和情境的忽视。实际上，由于不确定性和情境的存在，对于影响领导力的因素的挖掘不可能穷尽，同时，已经挖掘出来的影响因素与领导力之间的线性关系又变得不那么稳定。在后现代语境下，支撑逆向领导的权力是微观权力。微观权力具有流动性和无中心性，各种力量是多形态的、流动的场。因此，如何获得权力进行领导，通过何种方式进行领导，实际策略如何，往往没有固定的模式，而是根据不确定性的问题，通过信息的搜集和资源整合，在经过多重博弈之后，选取恰当的领导方式。

四、人本矩阵

我国学者郑世林和杨智伟（2019）基于中国传统的以人为本思想与现代人本主义心理学的理论观点，提出人本矩阵领导力理论，以"心"这个范畴相对较大的概念来涵盖意愿，同时包括人性、信心、需要和动机等相关变量；以"力"指代能力，既表示可以实现目标的胜任力，也包含能够持续进步的学习力等。根据

"心"和"力"的不同状态，提出个体心力模式的四种类型，分别为无心无力、有力无心、有心有力与有心无力，如图1所示。与之相应的领导方式依次为辅导型、支持型、授权型与告知型。

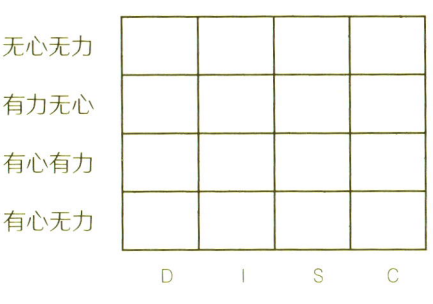

图1 人本矩阵

图1人本矩阵中的D、I、S、C源于马斯顿率先提出的DISC理论，即由支配（Dominance）、诱导（Inducement）、顺从（Submission）和服从（Compliance）这四个单词的首字母组成的反映领导过程的理论。随着理论演进，DISC代表的四个英语单词慢慢演变为Dominance（支配）、Influence（影响）、Steadiness（稳健）和Conscientiousness（责任心）。

D型行为强调权力与控制，主要目的是结果和效率；I型行为强调社交与沟通，主要目的是认同和快乐；S型行为强调团队与支持，主要目的是稳定和保障；C型行为强调逻辑与准确，主要目的是专业和完美。情境领导理论的基本逻辑是，如果下属分别处在"有意愿又有能力""有能力却没意愿""没意愿又没能力""有意愿却没能力"四种阶段时，那么相对应的领导形态应该依次为授权型（低关系行为+低任务行为）、支持型（高关系行为+低任务行为）、告知型（低关系行为+高任务行为）与辅导型（高关系行为+高任务行为）。

五、5M领导力模型

领导力存在于人与人的关系中。谢克海（2018）提出的5M领导力模型正是由此出发，将领导力拆分为五个维度：管理自己（Manage Yourself，MY）、管理上级（Manage Your Boss，MB）、管理下属（Manage Your Members，MM）、管理同事（Manage Your Colleagues，MC）、管理外部伙伴（Manage Your Partners，MP）。

1. 5M视角下的领导力理论

研究者提出，管理自己（MY）是领导力的基础，它是领导者价值观、个性、能力、行为倾向的综合反映。研究者认为，在1960年以前，领导特质理论和领导行为理论占主导地位，它们都可以纳入管理自己的范畴，称为领导力的"1M"时代。20世纪六七十年代出现了第2个M——管理下属（MM），它是领导力的主要任务，是激发团队完成组织目标的过程。领导—成员交换理论正式将领导者与下属的关系作为领导力的重点研究对象。管理上级（MB）是领导力的必要条件。它是与上级双向沟通、明确目标、获取资源等一系列过程。加巴罗等提出要"管理你的老板"，标志着第3个M的出现，从而进入了领导力的"3M"时代。管理同事（MC）是领导力在组织内部的延伸。它是与同事形成建设性伙伴关系的过程。1990年以后，管理同事的理论逐渐丰富，横向领导、同级管理、360度全方位领导力，这些概念与理论都包含了对领导者与同事关系的关注。这是第4个M。管理外部伙伴（MP）是领导力在组织外部的延伸。它是跨越组织、整合资源的过程。组织只有与外界发生交互，才能获得更多的优质资源，不断地迭代，并将价值观、产品与服务输出。实现组织目标需要依靠其他组织的协助，管理外部伙伴也就尤为重要。这就是"5M"。领导力理论的发展就是从"1M"到"多M"的过程。

2. 从"4M"到"5M"的领导力发展趋势

（1）组织外在环境的变化

一是VUCA时代来临。VUCA，即Volatility（易变性）、Uncertainty（不确定性）、Complexity（复杂性）和Ambiguity（模糊性）的缩写。外部环境时时刻刻在变化，领导者必须主动感知外部变化，处理好各种对外关系，有效应对外部的不确定性。大到一个国家，小到一个公司莫不如此。如中国的"一带一路"倡议需要打通亚非欧经济走廊，充分调动其他国家的积极性；朝核问题涉及中、美、韩、日、俄等多国利益而绝非朝鲜一个国家的事情。二是价值链深度融合。在专业分工不断细化的今天，组织的工作需要供应商、合作伙伴、客户甚至竞争对手共同完成。以智能手环为例，生产者需要与运动健康领域的专业人士深入探讨，保证与主流手机系统兼容，通过行业标准认证，与不同的健身App协调数据端口。总之，管理好外部伙伴变得越来越重要。

（2）组织发展的内在需求

一些知名企业对领导力的定义已经超出了组织的范围。比如，华为领导力模型除了发展组织能力和个人能力以外，还特别强调关注客户的能力和建立与外部伙伴关系的能力。通用电气近年在对领导力模型进行修正时，特意加上了市场和外部导向。可见，由领导力到影响力是必然趋势，这是时代的要求。

（3）领导力的本质——影响力

传统的领导力正在向影响力过渡。领导力有三种来源：一是职位本身，即组织所赋予的权力。二是专业和价值观，领导者一般比其他人掌握更多的信息，因此能够提出高瞻远瞩、令人信服的观点，在价值观上引领志同道合的人。三是联盟，领导者通过联盟的力量扩大话语权。后两种领导力都不限定于组织内部。如英国首相丘吉尔鼓舞英国人民反抗纳粹的入侵，说服美国参战，带领世界反法西斯联盟作战。作为"三巨头"之一，丘吉尔超越组织，成为全世界反法西斯联盟的领袖——这就是影响力在发挥作用。

六、共享型领导力

丁荣贵（2018）等结合团队领导的概念，创新地提出了共享型领导力的概念。共享型领导力与传统的垂直领导力相对应，它发生在组织个体之间的动态的、交互影响的过程中，其目的是通过成员间领导力行为的相互作用实现个体和组织目标。共享型领导力的独特之处在于具有更多样化的领导力行为实施方向，垂直领导力主要是正式领导者们实施的自上而下的行为，共享型领导力还包括成员实施的自下而上的行为和同层级之间的互动。

共享型领导力作为一种随着团队发展而动态形成的领导力类型，已被证明是提高多元性、知识型组织绩效的有效方式。已有对组织领导力理论的研究大都侧重于垂直领导力对创新的影响，对共享型领导力关注不足。

丁荣贵（2018）等运用访谈和参与性观察对4个研发团队进行

全生命周期数据收集，通过多案例研究方法和规范的质性分析技术探究共享型领导力行为在团队不同发展阶段的形成过程，以及垂直领导力行为对该形成过程的影响。研究结果表明，共享型领导力在团队构建期首先形成跨边界领导行为，在成员磨合期形成激励行为和关怀行为，在规范执行期形成授权行为和变革领导行为。共享型领导力行为的这种动态性决定了其直接作用于团队创新的学习绩效和产品绩效，对过程绩效没有直接作用，而垂直领导力行为则对过程绩效具有直接促进作用，并通过共享型领导力间接作用于学习绩效。

七、新特质理论

传统的领导特质理论主要是指领导者天生的个性和人格，而新的特质理论则认为，特质是可以发展变化的特征。传统的领导特质理论注重领导力的天才性和先天性，强调领导者的与众不同。而新的特质理论则强调领导力特质的实践性和生成性，主张可以通过训练和培养造就领导力。例如，陆远权（2011）从管理学、领导学、心理学和人才学等学科出发，探究并建构了一套系统的有效领导力自我塑造与提升模型。

赵前前（2011）以九型人格为基础，从宏观决策、中观管理执行和微观个体品质三个层面构建了政府的领导力模型。许多学者不仅对领导的特质进行了理论的研究，还进行了评价与实证性的研究。例如，戴卫东等（2011）利用动态模糊理论对企业的胜任领导力进行了综合评价，并总结出了感召力、学习力、前瞻力、决策力和执行力5个维度的指标体系，基于这些指标体系，构建了基于动态模糊理论的企业胜任领导力的综合评价模型。

另外，马克与普莱斯在2005年提出了责任领导力的概念，认为责任领导力是有关道德和价值观的规范性现象。基于此，张小林等（2011）着眼于中国组织情境，对企业管理者责任领导力的维度结构进行了实证研究。在国外，有许多研究者探讨了知识管理过程中的领导力作用及模型。例如，研究者奎瓦莱尼（2004）通过比较知识型企业与传统企业的差别指出，知识型企业的领导者更注重企业的国际化发展，因此适应能力更强。米斯特鲁（2007）构建了新的商业模型，并指出契合该模型的前提是要综合领导战略团体的能力。与传统的领导特质理论相比，新特质理论研究更进了一步，它主要强调了领导者特质的实践性和生成性。

> **思考小结**
>
> **领导力理论的实践意义**
>
> 领导力一直是研究者关注的热点问题，从古至今研究成果十分丰硕。在这么多理论观点中，您认为最符合您工作实际的是哪一个？最给您启发性思考的是哪一个？理论需要实践来检验并不断修正。实际上每一个领导者都有一套自己的"领导理论"，在工作实践中不断地被打磨，希望以上这些理论观点有助于您走出领导工作的困境。

第三章

领导者的判断力与影响力

　　领导力的本质是影响力。领导者发挥影响力的前提是优秀的判断力,路径是将心比心、达成共识,经验学习与技巧训练都可以有所助益,而要想做到收放自如,则需要领导者不断修炼,全面提升自我修养。

第一节　判断力的思维基础

一、判断的思维过程

人的大脑对特定目标作出判断的过程，是一整套严密的意识和思维活动，包括环境解读、任务锁定、逻辑分析、价值取舍四个部分。

1. 环境解读

环境解读是判断过程中最重要的环节。环境时刻在变化，新的信息不断涌入，从始至终，人们一刻不停地对环境进行解读。

环境可以分为外环境和内环境，外环境是组织或个人机体外部的情境、条件、相关因素以及相关因素的综合变化趋势，内环境是组织或个人机体内部的结构、成分以及各部分的运转协作情况。每个人都会有意识地对内外环境进行扫描和解读，而正确的判断需要有全面、细致的扫描作为基础。

解读的过程包括感知和理解。我们每天、每刻都被大量各种各样的信息包围，理论上，这些信息都可以被我们感知到。但是实际上，在所有传递到我们眼前、耳边、手上的信息与信号中，我们真正能够接收到的不足10%。因为我们无法把这些信息传入大脑，也就无法进入我们的思维加工系统。能够被我们感知到并试图理解的信息有两个特点：一个是原本就以易于我们理解和接受的样子出现，比如，它正好跟我们正在思考的问题有直接的关系，它跟我们熟悉的事物或思想有相同之处等；另一个是它可能非常不同寻常，以至于引起我们的担忧或者愤怒。

2. 任务锁定

依据内外环境所提供的信息，我们会抓住那些不同寻常的、让我们皱起眉头的信息，并试图将这些信息整合成一个相对完整的故事，这就是我们要集中精力去解决的问题。

就像环境解读持续进行一样，任务锁定也可能是反复多次进行的。每一次锁定的问题，都会进入逻辑分析，逻辑分析又会发现新的问题，即思维任务，然后开始下一轮有意识的环境信息感知与解读。这个往复的过程，就是我们逐渐看到问题全貌、了解所有条件制约的思维机制。对环境的解读越准确、越全面，思维的任务就会越明确，提高判断的速度和准确性。

3. 逻辑分析

逻辑分析的任务是追本溯源，找出影响因素，建构发展脉络，设计出解决问题的方案路径。

我们在进行判断的时候，通常有三种方式：经验判断、感情判断、逻辑分析判断，前两种方式既可以单独促成判断决策，也可以与逻辑分析相结合。比如，不具备逻辑思维能力的幼儿，对事物的判断基本依靠经验和感情（个人好恶），成年人面对非常熟悉或者非常不熟悉的情境，都有可能依靠经验和感情进行判断。而抽象逻辑思维能力是大脑的高级功能，在作出判断的时候，越多使用逻辑分析，越有可能得出正确的结论。

4. 价值取舍

这是作出判断的最后一个环节，也是最关键的一个环节。我们的判断结果并不直接取决于逻辑分析的结果，而是依赖于价值的取舍。判断的标准往往早已被预设好，但是也可以经过环境解读、任务锁定、逻辑分析进行修改。

如果说逻辑分析能力反映了一个人的智商，那么判断标准的坚持和改变则反映了一个人处世的综合的智慧。

二、辩证思维与判断的智慧

1. 辩证思维

在逻辑分析和情感卷入的情境中进行价值取舍，并作出最终判断，非常考验个人的意志和能力，这也是展现领导者智慧的时候。这其中的关键是在价值取舍之中运用辩证思维。

辩证思维是指以变化发展视角认识事物的思维方式，通常被认为是与形式逻辑思维相对立的一种思维方式。在形式逻辑思维中，事物一般是"非此即彼""非真即假"的，而在辩证思维中，事物可以在同一时间里"亦此亦彼""亦真亦假"而无碍思维活动的正常进行。

心理学研究者卡莱顿（1975，1982）提出，辩证思维可以使人们从看似冲突的事物中发现联系甚至共性。以辩证思维为划分依据，卡莱顿区分了一般的认知能力（domain-genneral cognitive abiiities）和智慧，前者更适合解决一些条理清晰的问题（有固定的解决途径）。然而，我们身处的是一个VUCA时代，所面临的往往都是模糊的问题（比如，权衡利弊，在条件不清楚的情况下作判断，等等），这时所需要的就是智慧。

2. 明智判断

智慧是一种以辩证思维为基准，去理解和接受社会环境中存在的冲突和矛盾的个体倾向。基于卡莱顿的研究，巴尔特斯进一步扩展了智慧的定义，他认为智慧是一种专家知识体系（an expert knowledge system），该体系包括：理解个体虽处于不同的环境，但依然存在着联系；认识到在个人利益和组织利益之间可能存在着冲突；了解生活中存在着许多不确定性，并且自己有能力去解决这些不确定性。

各学者虽然持有不同理论思想，但他们都将一个人权衡利益的能力放在评估智慧的关键位置，也可以将其称为明智判断（wise reasoning）。学者克莱美（2002）和格罗斯曼等（2010）先后将与明智判断有关的过程归为以下几个方面：

（1）理智谦逊；

（2）承认不同的看法；

（3）对社会关系变化的敏锐性；

（4）推测出冲突可能引发的多种结果；

（5）解决对立观点时会优先作出让步。

明智判断有助于促进或达成组织中的"多种关系平衡"，包括：

个人利益与集体利益的平衡。社会取向是一个人对于个人的重要性和他所属群体的认识，分为个人主义和集体主义，研究者认为一个人如何平衡个人利益与集体利益是一种重要的平衡能力和智慧体现。

改变环境与适应环境的平衡。被试需要完成一份评分表，对他们处于冲突时使用的策略进行0～5评分（"0"代表"不会考虑"，"5"代表"优先考虑"）。通过适应环境来解决冲突的方法有：确保自己没有阻碍他人的路。通过改变环境来解决冲突的方法有：坚持自己的观点，要求别人了解自己的想法和需求。

因果推论的关系平衡。即能否对冲突中自己与对方的角色进行准确评估。冲突环境往往会导致归因偏差，人们往往会为自己的消极面寻找环境因素，而对于对方往往会忽略环境因素。研究者让被试完成一份有关因果推论的问卷，进行1～5评分（"1"代表"一点儿也不"，"5"代表"非常"）。例如：你认为你应该受到指责吗？你认为其他人是这场冲突的主要导火线吗？以此来评估逻辑的内在平衡或冲突。

第二节 影响力的实现路径

一、领导者的影响力

领导者必须具有影响力。通常根据影响力的来源，把领导者的领导力分为权力性影响力和非权力性影响力两类。

1. 权力性影响力

权力性影响力是领导的合法职位所产生的权力带来的影响力。这种影响力带有强迫性、不可抗拒性，以外推力的形式来产生作用，在它的作用下，被领导者的心理和行为表现为被动和服从。这种影响力持续的时间以该领导者居于领导职位的时间为限。

权力性影响力由传统因素（权、钱、才）、职位因素（支配、决定、奖惩、强制）及资历因素所构成。

2. 非权力性影响力

非权力性影响力是来源于领导者个人特质的一种影响力，是由领导者本人素质和行为造成的。由品质因素、才能因素、知识因素和感情因素四个方面构成。

理想情况下，当组织内外部环境稳定，工作分工具体且责任明确的时候，领导者通过权力性影响力就可以较好地完成组织目标。但是在实际工作中，环境因素、任务需求等时常会发生变化，职位的设定和工作分工因而也需要进行暂时性的调整或重组，领导者必须通过一些非权力性的影响力，带动、激励被领导者完成一些有挑战性的工作任务，比如，延长工作时间、探索新工作领域、处理交叉领域问题等。

领导力本质是一个心理影响的过程，是领导者利用自身的领导资源与具体形势的有机结合而形成的一种吸引力，能够激发、引导被领导者跟随自己、发挥力量，形成实现组织共同目标的合力。社会心理学理论认为，每个人对于周围的人都是一个"影响源"，一个积极强大的"影响源"，会如磁石一般吸引周围的人，产生强大的磁场效应，形成向心力和凝聚力，这就是领导力的具体体现。

领导力不体现在职级、后缀与敬语中，而体现在实践、困境与挑战中。领导者要想提升自身影响力，也可以从两方面着手：一方面是提升权力性的影响力，要做到审慎用权、秉公自律、用人授权、实事求是、群众监督；另一方面是提升非权力性的影响力，其方法往往具有鲜明的个人特点，概括而言就是赢得被领导者的敬服与忠诚。

二、赢得被领导者的心

1. 提升下属工作中的幸福感

下属为什么服从领导？因为怕被惩罚。下属为什么支持领导？因为可以得到奖励。什么样的奖励最有效？组织行为学专家对此做了大量的研究，包括固定工资、浮动奖金、荣誉表彰、假期奖励、技能培训、年节福利等，综合而言，奖金和带薪休假是最受欢迎的奖励措施。究其原因，心理学研究认为，奖金和带薪休假的共同点是，在规定的报酬之外——奖金的数额和带薪休假的目的地都是未知的，超出预期的收益带来了幸福感。所以，最有效的奖励是幸福感。

《哈佛商业评论》上刊登过组织复原力专家理查·福尔曼德斯的一篇文章，题为《为下属提升幸福感，领导其实赚大了》。在文章中，他提出了以下五种领导帮助下属提升幸福感的策略：

A．设计并鼓励有幸福感的活动。要理解并重视那些能够提升个人和团队幸福感的活动，包括提供个人发展工具（如正念和复原力培训），明确鼓励员工花时间进行锻炼等。

B．允许员工在工作时间之外"断线"。麦肯锡季度报告评论说："始终保持在线，多任务并行，这样的工作环境正在杀死我们的工作效率，抑制创造力，使得我们不快乐。""保持在线"的思维方式很危险且效率低下，因为它没有考虑恢复时间。

C．训练大脑应对混乱。神经科学研究表明，正念练习能够系统地训练大脑，能够培养提升复原力和效率的思维习惯。接受过大脑正念开发训练的领导者和团队能更好地进行合作，更有效地疏导压力，并且保持高绩效。

D．强调"单任务"，更好地集中精力。神经科学家、教育科研员兼作家乔安娜·迪克博士指出，多任务处理通常"比处理单个任务花费的时间多一倍，错误率也往往高出至少一倍"。人类最擅长"按顺序逐一处理任务"。领导者须帮助下属明确要交付的成果，按优先级排列，设置不重复的阶段性任务。

E. 在工作日里有意安排"间隔"时段。比如一些事业单位推行的"工间操"就是一种很好的休息和调整。重要的不是工作的时长，而是在工作时间内创造的价值。

幸福感是一种主观体验，无法统一量化。幸福的秘诀有两个，一是超出预期，二是知足知止。因此，领导者要想提升下属的幸福感，除了上面专家给出的五种方法之外，还有一个最根本的基础，就是组织文化建设。通过组织文化建设，引导员工树立对工作的正确认识和期望，配以相应的管理流程，使员工更容易实现自我提升，并体验到幸福感。

2. 维护下属的权益

要想让一个人在当前所处的环境中发挥出最大的能量，需要让他同时体验到幸福感和安全感。幸福感让人更有动力，更愿意主动付出，安全感让人没有顾虑，全心全意投入到当前的工作中。

领导给予下属的安全感，就是对下属权益的关注、尊重和维护。

很多人都有这样的体会，读书的时候，班里总有些学习成绩好、但是来自农村或贫困家庭的孩子，当他们被同学冷落甚至取笑时，如果你能够主动与他们交流、尊重他们、做他们忠实的朋友，他们一定会对你铭记于心。雪中送炭永远都比锦上添花更让人感到温暖。

领导和下属的关系像所有人际关系一样，需要建立在相互欣赏、认可的基础上，下属的忠诚和能力让领导放心，领导对下属权益的维护让下属安心。领导经常要观察、了解下属，下属更是时刻关注着领导的态度。笔者曾经做过一个关于领导者个人影响力的调查，邀请30位就职于企业和事业单位、初入职场3～5年的年轻人进行"吐槽大会"，说出让自己最难以忍受、痛苦的领导个人特点。结果发现，最失分的领导者个人特征包括：

（1）遇事后退，缺少担当。特别是遇到复杂的、涉及多方利益的"地雷"，有些领导者习惯于让下属探路，自己在后方指挥冲锋，而对于在前方"陷阵"的下属却没有基本的体恤和关怀。

（2）遇事不决，忽左忽右。有些领导在工作中判断力、执行力不足，常常朝令夕改，使得下属对领导者逐渐失去信任和尊敬。

（3）严以律己，更严以待人。有些领导有较为明显的完美主义倾向，在自己工作经常加班的同时，遇到不符合预期计划的情况，也习惯于严厉指责下属，不容许下属出现失误。有些下属并不认同领导的价值观，就会对这样的领导风格感到不适甚至抵触。

那么，什么样的领导值得下属跟随呢？领导行为是一种艺术，每个领导都有自己的风格，但是至少有这样三个共同特点：

（1）做事公允，对待不同的下属，涉及利益分配、评优晋升的事情，要凭公心裁夺，每个人都难免有自己的偏好，但是领导有责任为下属、为整个团队营造一个公平的氛围。

（2）为下属提供发挥的舞台和发展的空间，领导者角色的本义是带领团队、指导其他成员做事的人，领导者如果能为下属个人能力的提升和职业生涯发展提供指导意见、创造有利条件，那么他在下属眼中就实现了最大的价值。

（3）善于沟通，通过有效的沟通传达自己的意图，了解并理解团队成员的心态，并加以正向的引导，使合力最大化。人们都说领导者要能容人之错，宽容、包容的前提是充分的沟通，下次不再犯错。

3. 理解下属的忧虑

通常人们认为，一个好的下属必须会为领导排忧解难，为组织贡献业绩。反过来，一个能够激发出下属的动力与潜力的领导，也必须能够理解并尽力帮助下属排除个人顾虑和由此产生的工作阻碍。

比如，关于单位中的青年骨干离职的问题，多数领导采取默许或限制的方式对待，但是有一位领导采取了更加温情的处理方式。该单位对于离职申请原本是1年统一批1次，比如1月份申请，到12月份才能跟同年申请的人一起批准。该领导提出只要符合条件就批准，党组成员有顾虑，担心轻易批准离职会出现大规模的"离职潮"。该领导说，年轻人提出想走，真正想走，你拦也不稳定，下午安排一个座谈会，我跟这十几个人谈一谈。大家不理解，都要走了，还谈什么？"你看不论是在这工作24年的，还是最短6年的，他们把最好的青春都献给了咱们单位，他们为这里付出的，我就是表示一下感谢，应该跟他们见面。"那天座谈会开得特别好，他们以为领导要挽留，领导却没有，只是问问他们的工作找得怎么样，解决得怎么样，然后给了祝福。这十几个人离开之后，就在他们离职的微信群里说，看来以后辞职不用太着急了，随时都可以走。恰恰是这样，很多人觉得我随时都能走，就不着急了，等着等着慢慢就不走了。

与此同时，该单位党组也研究通过解决职工最急需的一些问题来稳定军心，尽可能让他们觉得在本单位工作还是很有价值的。比如，协助解决孩子们的上学问题、就近医疗问题、年轻人租房问题、工作环境改善问题等。经过这一系列的努力，职工感觉在这里工作踏实、有依靠，人心趋于稳定。

三、影响组织文化

1. 组织文化

组织文化就是组织内部公认的价值体系，通过明确的行为规范、奖惩机制和不成文的组织内社会赞许导向等来体现。组织文化具有六大功能，即组织文化的导向功能、规范功能、凝聚功能、激励功能、调适功能和辐射功能。

组织文化建设是领导者和领导团体非常重要的一项职能和责任。一方面需要在组织管理和职工培训中进行明确的、反复的引导强化，另一方面需要各个层级的领导者/管理者以身作则，确保组织文化的唯一和稳定。

2. 领导者对组织文化的影响

看一个组织的文化，可以清楚地看到这个组织"领导者"的个人特点。这个"领导者"指由组织第一负责人所带领的领导团体。一方面，领导者会有意识地塑造或影响组织文化，并通过组织文化引导组织成员的行为；另一方面，被领导者会有意识地观察领导者的个性特点和领导风格，并主动调整行为方式以适应领导者的管理。

　　从领导者的角度，既要发挥影响力，又要审慎地利用自己的影响力。领导者对组织最大的影响，一是组织的发展目标，二是组织的行为方式。在很多企业，领导者的更替意味着整个企业或部门发展战略、人员队伍以及管理模式的剧变。在政府部门，领导者的交接往往更需要考虑平衡和稳定，如果组织的内外环境变化不大，对上对下的发展目标得到了广泛共识，不一定每一任领导都要有自己独特的意图，更多的是寻求延续和发展。

　　无论是否调整组织目标，领导者都需要对组织的行为方式进行深入、细致的考察、评估以及改进。即使在政府组织中，组织的行为方式也要根据内部和外部环境的发展而做出适应性的调整。比如，办公硬件软件设备的进步促进办公模式的转变，新一代年轻人自我意识的提升促使领导者主动改变组织内沟通的机制，等等。组织行为方式的改变也属于组织变革的一种形式，通常会遇到较大阻力。领导者在运用权力性影响力的同时，也需要辅助非行政命令的"思想播种"，促发变革的内部动力。

第三节 领导者的自我修养

一、领导者的自我反思

曾子曰："吾日三省吾身：为人谋而不忠乎？与朋友交而不信乎？传不习乎？"这是思想家、教育家的自我反思。大多数人的反思，是从遭遇挫折的时候开始，在步入正轨、取得收获的时候暂停，遇到困难的时候继续。大多数人的反思，需要他人的负面反馈作为提醒。当一个人成为领导者，他就失去了一些获得他人提醒的机会，却要面对更多人的挑剔。有一些领导者不能面对别人的质疑，只能接受他人的谅解和赞美，这往往是因为他自我反思的基础不够。

领导者在进行自我反思的时候，通常包含三个内容：是否坚持了对的方向和决定，是否使用了合适的方法，是否忽略了潜在的问题。由于领导者的岗位特点是重点做人的工作，所以这三个内容要想清楚，必须看到更深一层的问题是对于自己、他人、目标/理想的思考与确认。

关于"我是谁"的反思。领导角色具有象征和替身的功能，领导者需要把个人与岗位区分开，把权力与影响力区分开，把过去与现在区分开，才能看到他人眼中的自己，看到自己的得分与失分发生在哪里，进而才能想清楚如何去影响他人，也就是是否使用了合适的方法。通常我们在看自己的时候，更富有感情，更容易看到自己的付出和收获；在看他人的时候，更加冷静，更注重现实，更容易看到他人的成就和失误。

关于"他是谁"的反思。领导者的功能性角色是多样的，既有管理与监督，又有激励与支持，还有合作与调和，这就要求领导者在看待他人、对待他人的时候，也必须兼顾对方的多重角色。领导者待人接物的每时每刻，都在塑造自己的个人影响力，也都有可能降低自己的非权力性影响力。

关于目标/理想的反思。领导者作为一个组织、一个团队的领路人，需要时常反思自己的行为是否与自己的初心相符，是否与大家普遍认可的目标相符，是否含有自己的私心。特别是当面临机遇与挑战的时候，领导者既要有为组织、为下属争取权益、进步空间的魄力和能力，又要有拒绝错误方向、路线、不当利益的决心和勇气。

二、领导者的自我提升

1. 心态

领导者心态成熟的表现之一是，意识到"我们已经过了指责别人的时候，该是挑自己毛病的时候了"。一位业绩非常出色的企业领导曾经反思："我当领导，前些年很喜欢批评下属，你怎么这样，你这个不对、那个做得不好。但是现在我改为正向激励下属了，表扬并利用他们的优点。人无完人，把具有不同优缺点的人安排在合适的岗位上，这是领导应该具备的能力。没有人喜欢被批评，而且批评是没有用处的。"

领导者心态成熟的表现之二是，意识到"我们的工作是为这个组织播下种子，不论它什么时候开花、结果，我们都勤勉地播种并尽力培育"。对于一个组织而言，把领导者说成是"宣言书、宣传队、播种机"毫不为过。思想的种子开了花，领导者就收获了影响力，组织收获了向心力；行为的种子开了花，组织收获了执行力，具有非凡的战斗力。领导者无须刻意追求"人过留名，雁过留声"，以播种的心态工作，才能有事半功倍的效果。

2. 情绪

有人说，很多领导喜欢发火，这一方面是能力不够、心里着急；另一方面是修养不够，管不住自己的情绪——这种观点是不准确的。

首先，情绪不仅受外界刺激引发，也受身体状态影响。研究发现，人在身体抱恙、遭受病痛折磨的时候，更容易情绪激动、迁怒他人；相反，人在身体状态良好的时候，更容易积极地看待外界事物、理解他人。因此，当一个领导者长期情绪不好的时候，需要首先考虑自己的身体状态，是否有疾病，是否过于疲惫等。

其次，领导者与非领导者一样，有自己的喜怒哀乐，并且有表达自己情绪的需要。在工作中，领导者一方面需要减少不必要的负面情绪，包括焦虑、愤怒、沮丧等，策略是提升心理素质和抗压能力，更具体的方法是通过积累经验，增强应对各种问题情境的能力和信心。另一方面，领导者需要避免迁怒，这就要求领导者经常自我反思，对自己与他人的关系保持清醒而全面的认知，尊重他人，平等对待地位低于自己的人。

再次，当一个人感觉自己修养不够的时候，不要想着"管"住脾气、"管"住嘴巴，而是应该增加自己的心理资本，即增加自己内心正向的、积极的信念和理论，扩展自己的社会支持力量，处理好与家庭成员、朋友的关系，这些因素都可以帮助他在遇到困难时保有底气。

最后，修养需要靠"修"和"养"，既修身又修心，既养正气又养和气。

3. 取舍

《道德经》中说"五色令人目盲；五音令人耳聋；五味令人口爽；驰骋畋猎，令人心发狂；难得之货，令人行妨"。颜色太多让人眼花缭乱，声音太多让人耳朵分辨不出，味道太多让人感觉失调，纵情打猎让人身心张扬发狂，稀奇的宝贝常常让人为了得到而不择手段。所以圣人只是为了维持基本的生存生活，有选择性地取舍。

每一次选择都是一次取舍，每个人每天都在做取舍。取舍的过程，就是不断梳理自己人生观、世界观、价值观的过程。选择"取"的时候，常常会有获得感，选择"舍"的时候，就要痛苦地付出沉没成本。日常生活中，我们总是乐于"取"，甚至竭力去得到更多，直到超出容纳能力，不得不痛苦地"断舍离"。而真正断、舍、离之后，痛苦竟然也逐渐淡化了，反而得到了轻松和愉快。

领导者在工作中习惯于做加法，为组织谋划更多的人力、更多样的机遇、更广阔的平台、更丰富的资源以及更优秀的业绩。所以有些领导者常常觉得心累，心里装得太多，想得太多，难以取舍。这时候最关键的是要以简驭繁，在复杂的世界里保持内心的安宁。无论在什么样的岗位，简简单单做人，不给自己"加戏"，越简单的人，境界往往越高。

《西游记》中，孙悟空经历了三个阶段，第一个阶段是从石头变成猴子，得到了花花世界、广阔天地；第二个阶段是从猴子变成人，拥有了功名利禄，也遭受了人情冷暖；第三个阶段是从人变成佛，抛却繁华虚名，获得安宁恒久。这三个阶段也可以看作一个人心理成长的过程。

自我评估测试

明智判断力自评

指导语：首先，请你回想最近一次与同事（或朋友）的冲突。包括：事件发生的时间、地点，起冲突的对象，当时你们之间的对话、行为，当时的心理感受等。你可以把这些细节记录在纸上。

然后，请你根据上面回忆的内容，对照下面的每一条评价，对自己进行1~5的程度评分，"1"代表"一点儿没有"，"5"代表"非常"。

例如："站在他人的角度思考问题"，根据刚才回忆的事件经过，我有努力站在他人的角度思考问题，但是并没有完全理解他。我给自己打4分。

共有21道自评题目，分为五个维度，计算自己在每个维度获得的平均分。做完自我评分之后，你可以从这五个维度，综合考察自己是否具有明智判断力，以及需要在哪些方面继续努力提升自己。

维度一：承认不同的看法

1. 站在他人的角度思考问题。
2. 尽量以能引起他人共鸣的方式交谈。
3. 努力去理解他人的视角。
4. 在下结论之前花时间去获取他人关于事件的想法和观点。

维度二：辨识冲突可能引发的多种结果

5. 根据情况变化来决定不同的解决方案。
6. 根据情况的变化考虑备选解决方案。
7. 相信当前的形势会产生多种不同的结果。
8. 认为当前的情形会以多种不同的方式展开。

维度三：理智谦逊

9. 反复审视自己对于情形是否了解有误。
10. 再三确认他人的观点是否正确。
11. 在形成自己的观点前考虑是否存在特殊情况。
12. 在行动或表达观点时，明白有一些信息自己还没有完全考虑。

维度四：解决对立观点时会优先做出让步

13. 尽自己所能找到一种能使双方都认可的解决办法。
14. 尽管不一定成功，但我尽可能去寻找一种使双方都满意的解决方案。
15. 首先考虑是否可以通过折中来解决问题。
16. 把共同解决问题视为最关键的内容。
17. 尝试预估冲突可以如何被解决。

维度五：对社会关系变化的敏锐性

18. 将自己想象为一个旁观者，该如何看待当前的形势。
19. 通过局外人的视角来看待冲突。
20. 询问自己，他人会如何看待这场冲突。
21. 考虑当局外人处于自己的位置时，是否会有不同的观点。

注意：该测评为作者翻译自原文作者Brienza, J., Kung, F., Santos, H., Bobocel, R., &Grossmann, I.于2017年发表于《人格与社会心理学期刊》的学术论文 "Wisdom, bias, and balance: toward a process-sensitive measurement of wisdom-related cognition" DOI: 10.17605/OSF.IO/P25C2。翻译后的中文版问卷维度和题目未经过心理测量学检验，自我评估题目和结果仅供参考，不具有科学评价效力。该问卷不可用于商业用途。

思考小结

领导者如何对待自己的失误

"人非圣贤，孰能无过"，但是领导者的失误会给组织、他人带来损失和伤害，常常不容易获得谅解，也有损自己的前途和个人影响力。对于这样的情况，有些领导者在潜意识里不愿承认自己的失误，为错误决策寻找合理的理由，结果适得其反，带来更加负面的影响。

这是领导者面临的一个"两难情境"，一方面从个人心理需要来讲，当外人不理解、不谅解自己的时候，人会更倾向于自我安慰；另一方面，领导角色负有不可推卸的责任，甚至不以个人的动机和能力为考量。"欲戴王冠，必承其重！"

第二部分

女性干部的优势与挑战

女性干部是职业女性中的优秀群体,其"优秀"不仅体现为职位、职权、待遇,更直接表现为她们在工作中的业务能力、工作绩效,以及由思维、个性、价值观等构成的综合素质。这些优势使得女性干部在越来越大的舞台发挥自己的力量,同时也不断迎接新的挑战。内外交困之际,强化优长;瓶颈两难之时,补全短板,女性干部可以拥有更广阔的发展空间。

第四章

女性干部的领导领域

　　现代职业体系中,男女分工弱化,行业竞争强化,女性干部凭借自身实力在各行各业中展现了领导力,在领导团队中发挥了不可或缺的作用。女性干部的职业规划与发展逐渐成为社会、组织以及女性干部自身关注的课题。

第一节　女性干部的工作领域

一、职业的性别属性

1995年,第四次世界妇女大会在北京召开并通过了《北京宣言》和《行动纲领》,以行动谋求平等、发展与和平,大会讨论了全球妇女关注的问题及涉及妇女的各类问题,重点包括健康、教育和就业。2020年,联合国人权理事会第43届会议举行纪念北京世界妇女大会通过《北京宣言》和《行动纲领》25周年高级别专题讨论会,在各方共同努力下,全球妇女事业取得积极进展,但实现男女平等和妇女发展仍然任重道远。联合国将2020年3月8日国际妇女节的主题确定为"我是平等一代:实现妇女权利"。

根据中国妇女第十二次全国代表大会报告,我国超过70%的妇女参与经济社会建设,女企业家占企业家总数的30%,医务工作者中女性达63%,教书育人岗位上女性超过55%,科技领域中的女性为39%。从就业趋势来看,随着技术的进步、职业分工的细化,以及女性受教育水平的提高,越来越多的女性参与到传统上由男性主导的行业工作中,比如高科技制造业、信息技术产业、金融业、交通运输业等,女程序员、女交易员、女飞机驾驶员通过自己的专业表现逐渐为人们所认可。与此同时，越来越多的男性参与到传统上由女性主导的行业工作中，比如餐饮服务业、护理师、服装制造业等。从大趋势上来看，职业的性别属性正在缓慢淡化。

从就业现状来看，女性在职业选择和职业发展方面，仍与男性有明显的区别。根据管理咨询公司智联招聘等发布的《2020年中国女性职场现状调查报告》显示，在职位分布上，依然能看到职业隐含的性别属性，女性职场人在职能类岗位的占比要明显多于男性，财务/会计/审计、人力资源、行政/后勤/文秘等职能类岗位基本被女性包揽，而生产/加工、技术岗位依然是男人的天下。该报告分析认为，在选择职业时，男女两性就被输送到两种截然不同的职业发展轨道上，存在明显的性别分歧。

这种岗位上的性别分布差异，早在学生时期就埋下了伏笔。因为刻板印象，高等教育学科专业领域出现了"男性学科专业"与"女性学科专业"，国内外学者把这种在全世界范围内普遍出现的现象称为"学科专业性别隔离"，并发现"男性学科专业"是男性学生聚集且与男性特质相符的学科专业领域，主要是自然科学；"女性学科专业"是女性学生聚集且与女性特质相符的学科专业领域，主要是人文社会科学。

在高等教育中，选择不同的专业不仅意味着吸收和掌握不同领域的知识和技能，更重要的是，所谓的"男性学科专业"和"女性学科专业"训练了学生不同的思维方法甚至行为习惯，这会导致男性和女性在应聘面试和职场新人阶段的不同表现。研究者发现，在招聘面试环节，除高级技术人员外，不同专业、学校训练背景的应届者在反应倾向、思维逻辑、行为习惯细节等方面的表现比专业成绩更重要。特别是对于成绩优秀的女性求职者，面试官会下意识地更加关注她们的个性品质、心理素质，研究者认为这可能与性别刻板印象有关。

薪酬是衡量职场地位的一个重要因素，尽管"同工同酬"的观念已经提出多年，并写进了《中华人民共和国劳动法》，但从全世界来看，无论是发达国家还是发展中国家，男性平均薪酬高于女性的现象仍然普遍存在。根据人力资源平台BOSS直聘发布的《2020中国职场性别薪酬差异报告》显示，2019年中国城镇就业女性平均薪酬为6995元，同比上升7.7%，薪酬均值为男性的81.6%。男性的薪酬优势从2018年的27.7%降至22.5%，这是近三年来中国女性与男性薪资差距首次缩减。女性受教育程度的提升是薪酬差距逐渐缩小的原因之一，从本次受访者的学历分布来看，本科以上的学历人群中女性占比超过男性，整体看职场女性普遍呈现"高知"的特征。

职位是导致男女薪酬分化的最大因素。近年来，随着女性的工作能力和职业发展意愿不断增强，越来越多的女性开始进入管理层。BOSS直聘研究院数据显示，2019年，我国女性在总监级别职位中的占比达到25.4%，较2018年提高0.4个百分点。其中，人力资源总监中的女性比例达到51.8%，较2018年提高1.1个百分点。而公关总监、行政总监、法务总监中的女性比例也较2018年提高0.6~1.0个百分点不等。值得关注的是，女性高管在技术、产品、销售等对企业核心业务有重大影响的高管职位中，参与度也分别提升了0.24%、0.07%和0.44%。

观念改变文化，这在影视剧的内容变迁中也能看出痕迹，早期影视剧中职场女性普遍呈现中国传统女性的特点：温柔善良、勤劳勇敢，伴随着柔弱和隐忍；而2010年后越来越多国产影视剧增加职场女性的镜头与故事，她们大多为个性鲜明的职场精英，能平衡家庭生活与事业，能冲破传统观念并获得社会意义上的成功。

从根本上，女性的工作场所和工作领域特点是由社会生产力发展和生产关系性质决定的。现代社会的精细分工和生产方式机械化、集约化、智能化，使得女性进入传统"男性"岗位的门槛降低甚至消失，这为女性个人发展的多样化提供了前所未有的空间和机遇，同时也正在促进社会生活方式发生缓慢而深刻的变革。

二、工作中的"隐性"性别歧视

2020年春，席卷全球的新型冠状病毒肺炎疫情让医用防护服这个平时只有极少需求的产品进入了公众的视野。女性医护工作者穿着肥大的防护服，"笨拙"地走来走去，吃力地工作，防护服的裆部快要垂到膝盖，脚上的靴子也异常宽大。这样的服装是行业标准要求吗？

根据果壳网团队的调查，医用防护服不分性别，只分大小号，从S号到XXXL号或者更大。不同公司的S号会略有差别，但多以164厘米、165厘米为起点。根据GB19082—2009《医用一次性防护服技术要求》，最小号对应的身长是165厘米。而根据卫健委发布的《中国居民营养与慢性病状况报告（2015年）》，中国女性的平均身高为155.8厘米。

表1　连身式号型规格　　　　　　　（单位：厘米）

号型	身长	胸围	袖长	袖口	胸口
160	165	120	84	18	24
165	169	125	86	18	24
170	173	130	90	18	24
175	178	135	93	18	24
180	181	140	96	18	24
185	188	145	99	18	24
偏差	±2	±2	±2	±2	±2

由于功能要求，医用防护服的面料透气性差，连体设计较为宽大，防护服的帽檐、袖口、裤腿都要保证密封，使得整套防护服穿起来比较闷，比穿着普通衣物舒适性差很多。即便如此，女性医护工作者还是穿着偏大很多的防护服进行高强度、长时间的工作。过于肥大的防护服不但会妨碍行动、增大暴露风险，还会加大体力消耗。有国外学者研究发现，穿着体积庞大的防护服作业会加重人体行动时的生理负荷，引起不适感。特别是大腿围，防护服大腿的部分越宽松，越会加大着装者的消耗。当人们为一线医护工作者的辛苦感到心痛时，几乎没有人意识到，原本可以为女性医护工作者提供更好、更适合的防护设备，以减少不必要的辛苦。

2016年，英国一项联合英国工会联盟（TUC）等组织发起的研究调查了各行各业需要穿着防护装备工作的女性。有超过一半的女性都表示，她们的工装和防护装备不但不合尺寸，还会影响行动、严重妨碍工作进度。包括医生和警察在内，许多职业都有本职业特有的制服，有些也需要不同程度的防护穿戴装备。这些制服和防护装备大多是基于成年男性的平均身材和特征进行设计的，只有大小之分，没有考虑性别差异。行业内似乎默认了，女性只需要穿着偏小尺码就行了，忽视了女性身材的特殊性，不只是胸部和臀部，还有骨骼、肌肉以及身材比例等（包括手、脚）。

相较于媒体上、社会中广为议论的因职业女性产假问题、家庭与工作平衡问题而将职业女性划归为"麻烦多""变数大"的职工群体，并在人员聘用、晋升等方面遇到比男性同事更苛刻的要求这样的显性性别歧视，对于女性职工正当权益的漠视，则是一种更为隐晦也更为普遍的性别歧视表现。女性职工不只是"小一号"的男性，而是在能力上与男性同事相当的平等参与者。女性职工以严谨的甚至精益求精的态度对待工作，有权利获得与男性同事一样的工作待遇。

第二节　女性干部的团队角色

习近平总书记讲，领导干部要按本色做人，按角色做事。无论男性还是女性领导者，在团队中工作，首先要考虑的都是自己在团队中的角色，原则上不会特意考虑自己的性别，但是团队角色的设定又往往难以摆脱性别的特点。

一、女性领导力获得认可

在传统文化中，女性长期扮演支持者的角色，比如家庭中的贤妻良母，"成功男人背后的女人"等。现代社会中，女性在家庭中的角色内涵发生了变化,"贤妻良母"其实是家庭活动有效运转的中枢,现代城市家庭中的贤妻良母实际是小型团队的管理者;而"成功男人背后的女人",作为提供支撑力量的角色,其实在角色功能上与组织中的"一把手"有一定重合。随着受教育水平的提高、成长经验的扩充,以及自我认知的改变,现代女性越来越重视自身的能力提升,也越来越乐于在不同的舞台展现自己的能力。

现代女性家庭与事业兼顾的需求,使得很多具有较强管理能力和领导者天赋素质的女性逐渐走上工作中的领导岗位。一项面向企业职工的调查显示,约有70%的受访者认为女性可以胜任公司高层,15%认为不可以,15%认为不好说,而女性选择认可的比例为90%。说明即使女性领导者在各个方面都做得跟男性同事一样优秀,依然会"先天"面对更多的人为阻碍,而这恰恰是对领导者个人影响力非常大的耗损。因此,虽然我们从很多政界商界女性领袖身上看到了十分出色的领导能力,但是总体上女性领导者仍然是凤毛麟角。

根据国家统计局2019年发布的妇女参与决策与管理情况数据,第十三届全国人民代表大会有女代表742名,占代表总数的24.9%,是历届人大代表中女性比重最高的一届,政协第十三届全国委员会中有女委员440人,占委员总数的20.4%,也是历届政协委员会女性比重最高的一届。进一步梳理以往数据发现,近年来女代表和女委员的人数、比重总体上均呈缓步上升趋势。有研究统计,目前在世界范围内国家或政府首脑中,女性领导者的比例大约是8%,在媒体报道中人们已经逐渐习惯听到女性决策者的声音。

女性领导者凭借自身实力在职场中不断得到认可。这个实力，通常是可以帮助女性领导者突出重围、取得突出业绩的硬实力。以德国总理安格拉·默克尔为例，作为欧洲最大也是最富裕国家的总理，她已然迈入第三个任期，在她之前的总理，从未在执政数年后仍获得如她一样好的民众口碑。她的"实力"，是严谨辩证的思维和求实求是的行动风格，而这在很大程度上缘于她在从政之前20年物理化学领域学术生涯的训练，使她在面临各种棘手政治问题的时候，拥有超越众多男性从政者的理性视角和务实态度。

默克尔不是个例，无论政界还是商界，成功的女性领导者通常具备与众不同且极为高效的时间管理经验和决策取舍能力。她们需要勇气坚持自己的决策不动摇。有勇气在机遇到来之时，顺势而上；有勇气在困难来临时，临危不惧。她们需要具备强大的学习能力以做出科学的预判。她们需要在与挫折不期而遇时，有能力重拾信心，继续前行。所有在社会影响力上取得成功的人士，都需要具备这些特质，女性领导者也不例外，甚至表现得更为突出。

二、女性领导者的角色分工

从理论上讲，组织中具有权力性影响力的女性领导者，拥有与男性领导者同等的地位。但是在非权力性影响力方面，女性领导者常常弱于同职级的男性领导者。这其中既有普遍社会性别认知的影响，也有女性领导者自我角色认知的作用。

一项针对某机关事业单位职工的调查显示，在这个总人数约500人的单位中，男性与女性职工的占比分别为52%和48%，80后和90后职工中男性与女性比例为45∶55。该单位中男性职员有42%担任领导职务，担任正职领导职务者占全部男性的12%，而女性职员中有33%担任领导职务，担任正职领导职务者占全部女性的4%。另一项来自网络的社会调查也显示，在不同级别的企业管理者中，女性占比普遍都低于男性，尤其是在高管的位置上，男性中有9%处于高管岗位，女性中只有5%在担任高管。可见，女性在职场中依然是领导活动中的被动追随角色，即便是男女达到同工同酬的理想状态，女性在领导角色中的普遍缺位依然限制女性在职场中的话语权和整体薪酬水平。

我们在访谈中，询问7~9人行政事业单位领导班子中极少数的女领导如何理解自己在团队中的角色，有人说："我觉得主战场是男人的，98%都是他们的。"也有人说："我觉得自己算是啦啦队，所有领域都是这样。厨师、语言学家、文学家，我似乎是这样的角色，但是没关系，就算是啦啦队，我也要做跳得最好的那个，哪怕别人认为你是配角，但是配角也要把自己做好。"从中不难看出，女性领导者在团队中扮演着十分重要的角色，虽然担任正职的比例低于男性领导者，但是女性领导者对自己的工作要求非常高，并且非常积极地为团队和组织贡献力量。她们并不是配角，很多女性领导者凭借出色的专业能力和学习能力成为分管多个业务领域的负责人，与包括"一把手"在内的领导团队成员共同担当了组织中领导者的角色。

在企业组织中，近年来越来越多的女性领导者担任财务、市场、法务等专业性、实践性较强部门的负责人，她们是企业运营与发展的主要引领者甚至是创始人。国务院新闻办2019年发表的《平等　发展　共享：新中国70年妇女事业的发展与进步》白皮书显示，我国女性正成为大众创业、万众创新的重要力量。特别是在互联网领域，女性创业者的比例已经达到55%。研究发现，这些女性创业者具有坚强的意志、开放灵活的思维、高效的沟通技巧和出色的时间管理能力，她们在组织中的突出角色是：倡导者、探索者、激励者、推动者。她们是美丽而有个性的女性、温柔而有力量的女性；她们也是坚强而甘于奉献的领导者、敏锐而勇于变革的领导者。

第三节 女性干部的职业发展

一、职业发展的主要阶段

在以竞聘上岗为职工选聘主要机制的环境中，人的职业发展可以分为试验期、积累期、发展期、成熟期、收获期，也有研究者划分为萌芽期、成长期、成熟期、成就期、淡出期，对职业发展不同阶段的解读不尽相同，但是划分的依据大体相同。

1. 试验期

试验期也可以理解为萌芽期。一般指初入职场的2～3年，是对行业、对所在单位和岗位逐渐熟悉的阶段，也是通过工作实践进行自我探索，试验自我目标、特质与所属行业、单位、岗位匹配性的阶段。在这个阶段，新人一边不断地制订、修改个人职业发展计划，一边反复权衡是否以及如何寻求改变。

2. 积累期

进入行业工作的前5~8年通常是积累期。通过传记研究发现，科学领域获得诺贝尔奖、图灵奖等国际顶尖学术成就的人，他们的主要学术成果是在30~35岁这个年龄段取得的，之后经过10~20年的验证、推广，逐渐获得各种学术成就奖项和社会地位。通常在工作的前5~8年，经过试验之后锚定了工作领域，人们就可以进入沉浸式的工作状态，致力于在自己的领域内获取成果。

3. 发展期

发展期也可以称为挑战期，即工作10~20年的漫长阶段。在工作进入10年左右的时候，有的人已经取得了一些成就，进入更高一级的工作岗位，或者新的工作环境，面临更高的工作标准、更全面的工作技能、更有效的领导方式方法、更强大的心理素质等全方位的挑战。人在平常心态下比较容易看到自己的不足，而在顺境中却容易被外界虚假信息蒙蔽双眼，错过自我成长的机会，这是优秀干部在这个时期面临的隐性挑战。在这个阶段，有的人仍在困难中摸索前进，有的人在日复一日缺少有效激励的工作中逐渐失去自我提升的动力，这是另一种艰巨的挑战，很多事业发展不顺的人，就是在这个阶段放弃了自己的初心和目标。任何时候，认真对待工作与岗位职责都是工作者的基本素质，反之，自我放纵必将导致未来追悔莫及的隐患。

4. 成熟期

工作20年的时候,就进入了成熟期。在这个阶段,人们对于自己熟悉的领域,有了相对全面的、系统的认知理解;对于自己的工作职责和工作方法,有了相当多的失败经验并总结出了适合自己的成功模式;并且,约有一半的人在这个阶段处于所在组织某一层级的领导者(正职或副职)角色,工作的中心更多地转向如何管理和领导一个团队,以及如何同时与上下级、平级沟通协调。研究发现,企业职工通常在45～50岁获得最高的薪资收入。成熟期不仅意味着工作技能和领导能力的成熟,还意味着心态的成熟,在这个阶段,人们也会对领导角色和领导力有更深的领悟。

5. 收获期

即常规职业生涯的末期。有研究者将这一阶段称为淡出期,退休之前的5～10年,领导者开始准备逐渐退出领导岗位、卸下领导角色,调整心态,重新寻找生活的平衡和节奏。访谈中很多领导干部坦言,需要提前至少三年为退休后的生活做准备,主要是心理方面和生活习惯方面,退休之后还需要3～5年的调适期。这个阶段并不是一个失落的阶段,实际上,很多领导者在职业生涯的后十年不仅处于职级的顶点,而且开始有意识地转变为导师的角色,无私地指点、帮助年轻人,从而获得了职权之外的影响力。因此,这个阶段是整个领导历程的收获期。在即将淡出领导岗位的时候,领导者可能有机会看到自己真正的追随者,也可能会直面自己过去错误的后果。

二、岗位变化的意义

领导者的职业发展道路伴随着岗位的变化。从岗位变化的角度来看，男性领导者和女性领导者的职业发展有些许不同。根据我们对某地级市172位科级干部（其中21位女性干部）和40位县处级干部（其中9位女性干部）的调研发现，正科级女性领导干部平均有2.8个岗位经历，科级男性领导干部平均有3.5个岗位经历，县处级正职女性干部平均有9.7个岗位经历，县处级正职男性干部平均有8.8个岗位经历。从这个对比中我们可以看到，在基层政府单位中，女性领导者的数量远少于男性，女性领导者在较低领导职位工作的时间较长，但是要晋升到上一级岗位可能需要更多的岗位变换经历，这进一步增加了女性领导者职位上升的难度。

岗位变化是视野的变化，是工作方式方法的变化，是对领导者角色和领导力重新体悟的契机。在第一章领导力的论述中，我们知道领导力是领导者、被领导者、环境三个变量的函数，领导者的核心工作，就是在变化的环境中不断地想办法凝聚自己带领的人，形成有助于组织目标实现的合力。经过不同岗位领导角色的体验、探索与融合，领导者逐渐建构起个人的领导力理论，即以个人经验为基础的、关于领导者与被领导者互动机制的信念。此时，领导者就具备了领导跨领域、多层级团队的能力和信心。很多领导干部都是在同级两个以上岗位有过胜任经历之后，才获得晋升上一级职务的机会的。

岗位变化不只是"台阶"，更是挑战。有为才有位，领导者对于岗位的变化，不应只看到岗位赋予的权力和组织结构赋予的组织力，更应该看到领导岗位的使命责任和领导角色的挑战。岗位变化的过程，就是领导干部磨炼、提升自己意志与能力的过程。没有好啃的骨头，没有好干的活儿，如果有什么工作岗位看起来是轻松容易的，只要动动嘴、挥挥手就可以的，那么这个岗位必然暗藏危机，要么是工作失职的风险，要么是自我堕落的风险。

习近平总书记曾指出，在从政的整个过程之中，不要把个人的发展、升迁作为志在必得的东西。人们在认识自己的时候，原本就容易有偏差，容易更多地看到自己的成绩和辛苦付出，心理学中将这个现象称为"自我服务偏差"，即我们对于好的结果，往往归因于自己的努力，对于不理想的结果，更多归因于外界因素，包括运气、他人过错等。当一个人具有领导职务之后，受到外界信息的干扰，更容易看高自己，看扁他人。这时候的"志在必得"，有可能是不切实际的目标。真正切合环境条件、下属心理、满足组织需要的目标，就是脚踏实地，尽可能多地履行好当前岗位的每一种角色职责。

三、我国女性领导干部成长环境变化

女性改变了政治，从刚硬到柔和，从单调灰暗变得多姿多彩；政治也改变了女性，从柔弱到坚强，从只知油盐柴米到心怀天下苍生。宋庆龄、邓颖超、吴仪、彭珮云、顾秀莲……自新中国成立以来，这些女性领导以其独特的魄力和魅力，成为共和国政坛上的"铿锵玫瑰"。高层女性领导不断脱颖而出，显示出当今女性参与国家政务活动和管理的广度和深度在不断加深。全国妇联的数据显示，中国政府中的女性领导比例逐年提高，在省、地、县政府领导班子中，女性干部配备率已由2000年的64.5%、65.1%、59.8%分别提高到2010年的87.1%、89.4%、86.2%。《中国妇女报》2019年发表的一篇调研报告显示，地市级以上（包括地市级、省部级以及中央级）的党政领导干部中女性干部占比7%左右。中国正在率先突破女性参政、议政的"玻璃天花板"。中国妇女从走出"闺门"到走出"家门"到走出"国门"，"三步走"迎来了深刻变化，也成为社会发展进步的重要标志。

近年来，我国女性参政总体上呈上升态势，但在女性参政结构上，"三多三少"问题依然突出，即副职多正职少，虚职多实职少，边缘部门多主干线少。性别歧视、生育成本、家庭矛盾甚至穿衣打扮让不少女性官员头顶"玻璃天花板"，上升路受阻。一方面，追求男女平等的大的社会环境，倡导改进用人选拔机制才能真正实现男女平等；另一方面，强调提高领导水平也是女性干部自身的必修课。强调提高自身素质，端正人生态度，才是女性提高地位、实现人生价值的自我解放途径。

有研究者针对101位正厅级以上女性领导干部的成长经历进行分析发现，从机关单位的初级职位晋升到现任职位是女性领导干部最主要的成长路径。副省部级以上级别的女性领导人中，有24名的职业起点是机关单位，占总数的46.15%。位居第二的是从教育系统走上从政之路的路径，占30.77%。从岗位性质来看，女性领导干部的现任职位分管领域主要为：组织部、共青团、统战部和宣传部。研究还发现，女性领导干部的学历水平从总体上看略高于男性，专业上以工商管理、公共管理、经济学为主。客观上表明女性干部在组织管理与社会治理中有意愿且有准备承担重要角色。

女性群体参与政事水平的不断提高,是一个国家政治民主进程与文明进步程度不断进步的重要体现,更是人类社会进步的必然要求。党和国家一直在推进女性领导干部的培育选拔工作。众多优秀的女性领导干部在各自的岗位上恪尽职守、发光发热、不断进步。

女性干部心语:职业发展道路上的"贵人"

很多人在机关里混了这么多年,别说是副处,可能正科级的干事都没有做到。所以当我32岁就被提拔为副处级职务的时候,很多人心里都不平衡。这个时候我遇到了生命中的一个贵人,他是当时单位的党委副书记刘书记。

我在副处岗位的第一年民主测评,他找我谈话,说你一定要有思想准备,以前每次民主测评你都是全机关第一名,这次你是最后一名。为什么?咱们分析分析原因:以前你是主任科员,现在是副处级,大家对你的标准不一样了,不是说你做得不好了,而是大家拿副处级的标准来要求你。我当时工作上一路顺风顺水,这件事情就算是一个比较大的挫折了,幸好有他的这句话,我没有浪费时间去纠结苦闷。后来我就越来越努力。做任何事都是一样,唯有努力,唯有付出,才能换来大家的认可。

三年以后又遇到一件事,单位"保先"教育,要到郊区去开会。那时候我刚生完孩子两个月要哺乳,开会我就得晚上回家,第二天再赶回去,我就去找刘书记请假。跟我情况一样的一个女同志,也去找书记请假,书记批准了。但是我去找他,书记明确说不行。我说为什么不行啊？为什么她行我就不行啊？他就说因为你是党员领导干部，青年都看着你呢，你不能走，你必须坚守在那儿。我一下子就明白了自己的角色。有时候这种政治上的混沌，可能是因为年轻，还是看不懂，看不清楚，他一下子就把我点醒了。于是我就克服困难坚持下来。后来，每次到评优的时候，这都算是一点。现在回想起来，如果靠我自己在那个年龄、那个阅历水平上的觉悟，我是根本想不到的，但是因为有这个老书记指点了我，帮助了我成长。

> 思考小结
>
> ### 女性干部如何发挥领导力
>
> 如果将领导力简单概括为影响力，那么在很多职场文化中，女性干部将面临一些"天然"的影响力障碍。女性干部需要通过适合自己的个性化方式去影响他人，比如突出自己的能力优势、人格魅力，比如彰显自己在工作中的忍耐力和持久力，比如在人际沟通与合作中贡献更多的积极性、主动性、建设性力量，等等。女性干部将在思考与摸索中建立起一套个性化的影响力模式。

第五章

女性干部的个性与思维优势

　　一个人的个性与思维倾向与生理因素有关，也受成长环境影响。女性干部在生理与社会文化、组织环境的影响下，可能表现出不同于男性领导者的个性特点与思维习惯，运用得当就可以转化为女性领导者在判断力、亲和力、影响力等方面的优势。

第一节　女性的个性特征

个性，也称为人格或性格，是一个人长期形成的、较为稳定的反应倾向与行为风格。个性的形成过程受到遗传因素和成长环境因素交织的影响，古人说"三岁看大，七岁看老"，按照现代心理科学的理论解释，就是在幼儿阶段表现出的个性特点主要受父母遗传基因的影响，随后家庭成长环境对一个人个性的形成起到了非常重要的作用，甚至成为一生的个性基调。后期的学校经历、工作经历也在一定程度上塑造着个性，但是影响通常较早期经历小很多。个性一旦形成，就具有跨情境的稳定性，受工作环境影响可能会表现为不同的行为习惯，并与个人建构的思维方式相结合，最终成为个人的外在气质和风格。领导者的领导风格也是其个性的一种综合体现。

由于女性与男性在先天生理结构、激素分泌类型与水平、后天成长环境以及社会文化的影响方向不同，因此在个性上有较为明显的区别。学术研究的统计结果与人们的日常观察和文学描述基本一致，职业女性往往具有比较鲜明、引人注意的性格特点。

一、情绪敏感，容易焦虑

针对教师、医生、职业经理人、个体经营者、女大学生等群体的大量调查研究发现，女性比男性出现更多的焦虑、抑郁等情绪问题。更进一步的研究发现，抑郁症的男女患者比例并没有明显差异，但是女性确实比男性更容易受到不同程度焦虑症状的困扰。2016年，美国焦虑和抑郁协会（Anxiety and Depression Association of America，ADDA）显示，在全球范围内，女性被诊断为焦虑症的可能性是男性的两倍。这说明，一方面，女性比男性更敢于表达自己的情绪状态和问题；另一方面，女性也确实比男性受到更多来自自身负性情绪的压力。在新型冠状病毒肺炎疫情期间的社会调查结果也显示，在疫情威胁与居家隔离的双重压力下，女性出现了更多的焦虑情绪，并且为了调节情绪有更多的主动求助行为。

在网络平台问答中，情绪问题以及与之相关的亲密关系、家庭关系问题是最热门的女性话题。有年轻女孩坦言："感觉从小到大的人生都被焦虑支配：小时候出去玩儿被父母教育女孩子不要疯跑，我会焦虑；读书的时候，老师和家长有意无意地暗示数理化对女孩子比较难，也令我焦虑；长大之后被催婚催育，又被挑来拣去，更好像是难以逃脱的焦虑。不知道什么时候能获得解脱。"2011年，英国一项关于广泛性焦虑（GAD）的研究显示，女性的焦虑来源广泛，包括当前社会文化导向下对形体的焦虑、对社交的焦虑，也包括现代女性自我独立倾向下对工作的焦虑、对多重角色转换与平衡的焦虑等。

女性领导干部在审视自我的过程中，也常将情绪问题作为自己需要提升的方面，但是这些情绪问题大多被承认出现在家庭中，特别是对子女的教育中。比如有女领导说自己有时候睡眠不好，从怀孕时期开始已经有近十年，主要原因是太把儿子当回事了。也有女领导说自己对其他人都很有耐心，唯独面对孩子的时候总是特别焦虑，甚至容易发火。出于对外形象建设与维护的需要，女性领导干部很少坦承自己在夫妻关系、婆媳关系、妯娌关系以及工作关系中的不良情绪感受或表现。

女性为什么比男性更容易焦虑呢？首先不能忽视的是生理原因。研究显示，男女的大脑对压力的反应可能有所不同，实验证明与雄性小鼠相比，雌性小鼠的大脑对于促皮质素释放因子（Corticotropin Releasing Factor，CRF）要敏感得多。CRF影响着大脑中的去甲肾上腺素系统，它会在遇到压力时激活，让人有唤起（arousal）、警惕的感觉。此外，激素的男女差异也是女性更易感到焦虑的原因之一。一些研究表明焦虑与激素有关。很多女性在经期前明显情绪急躁，是由于孕激素的增加改变了大脑中抑制焦虑的受体功能的正常发挥。有些女性产后情绪不稳定，是由于孩子出生后母亲体内激素的剧烈变化。

生理差异并不是男女焦虑水平差异的全部原因。从心理学角度，焦虑缘于外界标准在自我期望上的投射，也就是我们按照环境倾向的评价标准，对自己树立的期望目标。因此，社会文化环境和早期教养因素对女性情绪反应模式、情绪调控能力都有重要影响。比如，无论东方社会还是西方社会，对女性都有一些刻板印象：在性格方面，女性应该是温柔的；在家庭当中，女性应该照顾孩子、承担家务；在职场分工中，女性也适合担任教师、护士等"照顾者"的角色，或人力、财务等辅助支撑性角色；在外表形象上，女性应该苗条、有曲线等。这些社会刻板印象在多年沉浸之后，逐渐内化为女性对自己的期望目标或制约标准。在此引导之下，女性不仅客观上承担着多重压力，而且主观上更加关注自己的情绪变化，更渴望甚至急于获得稳定安宁的情绪状态，这会进一步加重女性的焦虑感。

社会环境对女性情绪反应的影响最早体现在家庭教育中。父母从小就会更加频繁地提醒女孩要注意人身安全，女孩由此获得"世界是充满危险的，而我自己是脆弱的"暗示，认为自己需要被帮助、保护、安慰。相反，男孩则更多被默许甚至鼓励外出探索、战胜困难，要学会独立和竞争。在成年之后，女性由于优秀的学业表现和工作能力，可以进入与男性相同的工作领域并胜任技术性的要求，但是由于早期家庭教育模式的影响，对于职场人际关系带来的工作压力，有些女性会遇到调适困难，进而变得更加自我怀疑和焦虑。调查显示，对于职场晋升障碍，男性多外归因为运气不佳和环境不公，女性多内归因为能力不足和努力不够，结果表现为男性多自感怀才不遇，女性多体验焦虑抑郁。

二、顽强不认输

2020年3月，中宣部、全国妇联、国家卫健委、中央军委政治工作部联合发布"一线医务人员抗疫巾帼英雄谱"，向巾帼英雄致敬。在这场突如其来的新冠肺炎疫情中，全国有超4万名医务人员驰援湖北，其中女性占绝大部分。她们不畏艰险、夜以继日、连续奋战，书写了中国女性敢于担当、甘于奉献的动人故事。比如，武汉大学中南医院急救中心护士郭琴，帮助百余名新冠肺炎患者转危为安，自己却不幸感染病毒。病情好转后，为了腾出床位，她主动回家隔离治疗。隔离观察期刚满，她又主动重返岗位。她说："我处在这个岗位，这是我的责任，不为当英雄，但绝不做逃兵！"

　　顽强的一种含义是不怕困苦、不怕失败。比如一位女性干部讲到自己的座右铭是：心中若有桃花源，何处不是水云天？意思是，即便在最困难、最无望的时候，也不能轻易放弃，轻易言败。还有一位女性干部讲过一段自己的经历：2000年机构改革的时候，所有的人都被"撂倒"，局里搞双向选择，你选处室，处室选你。局里专门给包括我在内的一些年轻干部开了一次座谈会，希望我们能够挑战自己。当时我是副处长，综合考虑之下我本着踏实工作、听从组织安排的个人原则，还是报了两个副处长的位置。这个时候，党组研究准备提拔三个副处长当处长，其中就有我。据说我们局的方案报上去了，但是因为市领导出国，所以没有批，这一拖时间比较长，局里就要来考察，然后我就遇到了"滑铁卢"。来考察的时候，据说处里有三分之一的人不同意我。我一头雾水，而且当时我被派出去参加为期一周的集中培训。等我回来的时候，全局已经沸沸扬扬，我立刻被"打蒙"。我记得当时在日记里写了一句话："我被高高地举在空中，然后一撒手，摔到了地底下，不是从零起步，而是从负数起步。"在经历了将近一周的躁动纠结之后，我静下来思考，做了两点决定：第一，在哪儿跌倒就要在哪儿站起来，我要用行动来证明自己，我不回避，不逃跑，我就在这个单位待着，来迎接各种挑战。第二，换个岗位，到基层去踏踏实实地做事。

　　顽强的另一个含义是坚持自己的信念和原则不让步。有研究发现，与男性相比，女性更愿意做出自我牺牲。究其原因，一方面受到社会文化、社会生产生活方式的代际影响，很多女性将更多时间和精力投入到家庭内部，从而在社会关系方面相对单纯，导致女性的思维更习惯于明确区分家人（自己人）和外人、喜欢和不喜欢，也更容易专注于自己长期投入的事业、信赖的原则。另一方面，女性在压力之下更容易快速产生强烈的、外显的情绪反应，而要战胜情绪化思维，减少非理性行为，必须有强大的个人信念支撑，因此我们在很多职场女性特别是成功女性身上，都能清晰看到她们对信念和原则的坚持。

三、乐于沟通

大多数女性天生就比男性更乐于交流、更善于沟通。发展心理学研究发现，在婴儿时期，女孩学会说双字词的时间比男孩平均早30~40天，学会说完整句子的时间比男孩平均早80~100天，但是到学龄后男孩和女孩在词汇量和运用水平上没有显著差异。成年后，女性总体上比男性更乐于表达，有研究者认为女性每天可以毫不费力地说6000~8000字，而男性平均每天说2000~4000字。对老年人的研究也发现，离开家乡到异地帮助儿女带孩子的老夫妻，妻子往往能够更快地融入新的城市生活、新的社区环境，而丈夫到了儿女住处则常常不喜欢出门，原因往往在于妻子更乐于主动进行人际沟通和交流，即便是完全陌生的环境，也可以通过一些生活琐事闲聊建立起沟通渠道。

工作中遇到冲突和矛盾的时候，女性也常常表现出更主动的沟通意愿和更频繁的沟通频率。由于自身的情绪表达和语言能力特点，女性对人际沟通的需求较高，对人际关系和谐的依赖也较高，因而更加重视人际沟通的质量，并且愿意通过沟通解决分歧，哪怕沟通的过程不愉快，也好过没有沟通。我们看到很多夫妻、情侣发生冲突的时候，女性往往倾向于指责、争吵，男性往往倾向于逃避甚至冷战，这不仅是因为女性可能具有语言表达优势，还因为女性将释放情绪、表达不满作为一种沟通的方式，希望获得对方的回应。事实上，争吵虽然带有不理性、不恰当的表达，有可能加深误解，但是不可否认，争吵也是帮助双方了解对方感受和诉求的一种方式。从人际关系建设角度来看，在真诚互信的关系中，争论甚至争吵比回避、冷战更有助于解决分歧、深化理解、促进合作。

女性形象的优势之一是具有亲和力，因而在大多数工作情境中，女性会采用较为柔和的沟通方式，先营造彼此尊重、理解的沟通氛围，再试图解决问题。一位年轻有为的女领导总结自己最大的优点就是善于沟通，她的工作有一个理念：尽一切可能沟通，尽可能取得别人的理解。如果遇到难以解决的问题，那往往是由于非理性因素起了重要作用，这时候更要克制自己，能在协商中解决，就不要在对抗中解决。

四、积极向上

不同的个性特征综合在一起，成为一个人的气质。女性的情绪敏感、顽强、乐于沟通的个性特点相互结合，共同表现为积极向上的综合气质。女性外露的情绪和频繁的表达不仅是自我抒发、排解的一种方式，也可以使他人更好地了解自己的状态和需要，从而获得更多的支持、理解或更大的自我空间。女性通过对家庭的持续投入、对信仰和目标的执着追求，可以获得源源不断的精神力量，支撑女性在工作和生活中不断实现自我超越。

从外部眼光来看，这种不断自我超越的精神状态就是积极向上的个性优势，让女性拥有"青春永驻"的魅力。比如有组工干部这样评价一位优秀的女性干部："你任何时候跟这个人谈事情，她好像都有工作激情，她永远在想工作应该怎么去做，同时她还有情怀，作为一个法官她有深沉浓烈的法制情怀，所以她跟你合作、共事、一起商量事情的时候是非常有感染力的，让你觉得自己也变年轻了、纯粹了。大家都愿意跟她一起做，这就是领导力。"

领导干部在选人用人的时候，除了组织规定的标准之外，也会有个人倾向，这种个人倾向通常遵循"同性相吸"原则，即更容易理解、认可与自己有相同特征的人。在访谈中发现，多数女领导喜欢有责任心、肯担当、心态好的下属。比如一位国企女领导分享自己的经验时谈道："经过观察，我发现很多80后、90后年轻人并不是像大家说的那样，他们非常优秀，非常能干，也很有责任感，年轻人有干劲；而且我发现，基层比如县里的年轻人，可能比城里的年轻人更优秀、更成熟，更能把一些不利因素自我消化掉，然后逐渐建立自己的优势。"在研究者眼中，这些积极向上的品质也正是这位女领导身上的闪光点。

第二节　女性的思维特点

人的思维特点包括思维方式、思维逻辑性、习惯视角、思维惯性等方面的倾向性表现。思维特点的形成受两方面因素影响：一是智力水平，即观察、记忆、反应、想象、逻辑思维等方面的能力，从先天智力发育来看，女性虽然在空间想象力上略逊于男性，但是在总体智力水平上与男性基本相当。二是思维训练，从小学开始学习的各种课程，既是传授人类文明知识的过程，也是智力开发的过程，与人的个性和思维发育过程相一致。比如7～12岁是观察、记忆、反应、想象力提升最快的时期，相应地在小学阶段学习内容主要为背诵课文、学习写观察日记、叙事作文、基础数学计算、科学常识等；13～18岁是逻辑思维能力提升的关键阶段，思维训练的内容包括学习写作议论文，学习几何、函数等抽象数学运算，探索自然科学实验等。在中小学考试评价中，女生的成绩总体上略好于男生，说明在平等教育条件下，女生拥有良好的思维素养。但是在大学的专业选择中，女生更多选择人文社会科学专业，相对系统的单一专业学习经历在一定程度上塑造了成年人的思维方式和习惯视角，这些思维特点会在后续的工作或深入专业训练中磨炼得更加鲜明且稳定。

一、关注细节，一丝不苟

对某一个问题、某一类事物的持续关注和思考，会促使人们在注意力分配上也更加倾向于相关的信息，结果就表现为对细节的关注和觉察。社会文化倡导女性对家庭、人际关系的投入，以及读书时代良好的学习习惯共同塑造了女性注重细节的思维特点。很多女性在专业领域工作中取得了优秀的成绩，基础就是认真细致、一丝不苟。比如，有位优秀女性干部非常自豪地说："我从事的工作专业性比较强，跟其他的委办局可能不太一样，我们加班写稿子，都是跟专业相关的各种报告、研判。近三十年来，可以说我没有在工作上出过错。"人脑非电脑，出现疏漏是人之常情，要保证常年工作不出错，需要思维能力和工作流程的双重保障。

人们常说女性的优点之一是细心，从思维角度来说，"细心"可以体现为观察细致、思考周全、标准严格三个方面。观察细致是缘于对问题或工作内容的敏感和专注，思考周全是一种满足各方面要求、让各方都满意的自我要求，标准严格则是在工作产出、工作表现方面一丝不苟的行为准则。比如，有位女性干部很笃定地说："我在工作中是结果导向的，让客户满意、上级放心是我的工作标准，如果达不到这个标准，那一定是因为我们的努力还不到位。所以我和我带领的队伍遇到困难的时候，就回头倒查，看哪个细节没有处理好。"这是她的工作习惯，也是领导风格，更是一种把任务当作挑战，高标准、全力以赴应对的思维模式。

二、关注不足，精益求精

很多优秀的女性干部容易被评价为具有"完美主义"倾向，含义是在工作中非常认真，精益求精。这种"完美主义"不仅是个性特点，更是一种长期建构的思维模式和行为习惯。

由于受到社会文化、家庭教育等因素影响，很多女性从小就受到了自己在男性社会中处于相对弱势、需要小心自卫或寻求保护的心理暗示。自尊自立自强的女性在长大之后，就会不自觉地关注自己的弱点、缺点、不足之处。过度关注自身弱点会使一部分女性缺少自信、渴求他人肯定、易焦虑，而恰到好处的自察自省则有助于督促女性不断成长进步。针对公务员群体的一项调研发现，入职5年内男干部的学习欲望和学习时间略高于女性，但是在入职10年左右男女无差异，20年之后，女性干部的学习欲望和学习时间明显高于男性干部。研究者认为女性自我提升的内在动机高于男性，特别是当女性逐渐摆脱家庭负担之后，即使没有功利目标，女性依然有较强的自我完善的需求。

对弱点的关注背后有一个思维模式，即将自己的不成功、不如意归因于自身的弱点，因此关注弱点这个思维特点，反映出女性高标准要求自我的价值取向。这种价值取向体现在具体思维和行为上，就是不断反思自我、不断超越自我。很多女性干部非常优秀，也获得了很多外部赞誉，但是她们依然很容易在与他人的比较中看到自己的差距，认为自己还需要更大的努力。

三、关注变化，灵活稳定

关注变化与女性关注细节的特点相辅相成。观察细致且责任心强的人，必然对变化敏感，进而可以早做准备。女性思维的灵活性一方面表现为关注变化、提前准备，从而获得较大的变通空间，另一方面表现为追求稳定并愿意为此做出让步。这两方面都与女性关注弱点（弱势）、善于学习的思维特点有关。新媒体"券商中国"以女基金经理为对象的研究发现，截至2019年年底，全球只有14%的基金经理为女性，而中国（28%）和新加坡（29%）的比例较高。管理固定收益产品的女性基金经理，比管理股票产品的多，这在一定程度上可以理解成女性基金经理在情景思维和风险收益平衡方面表现得更好。更进一步分析发现，相较于男性基金经理重仓股集中投资、偏好科技股的投资策略，女性基金经理持股风格相对分散，策略上更加倾向于投资组合的安全稳定。

有些女性喜欢凡事按部就班、不希望发生变化或意料之外的事情，越是如此，越会关注变化是否发生，并提前设计预案。女性思维的灵活性有时表现为在非核心价值观念上的让步，目的是追求稳定性以及相应的安全感。对他人需求的敏感性和对维护良好人际关系的主观需要，使女性更乐于在合作性的、情感交流通畅的关系中让步；反之，在涉及核心观念与利益，或激发了负面情绪感受的关系中，女性更有可能不计代价拒绝妥协。

可见，女性思维的特点与女性的个性特点相互影响。但是这些特点都不是绝对的。没有任何一种理论、一个实验、一组数据能描述所有女性的共性，因为每一个女性都是独一无二的。我们不能简单地用感性或理性、外向或内向给女性同事、领导、下属、朋友贴标签。如今的社会需要一个人同时具有多重特点、适应多重角色需要，在不同的情境要求下，我们可以看到多元的女性思维特点和立体的女性形象。

第三节　领导角色需要的女性特质

虽然如今人们在谈论"领导者"这个角色的时候，脑海中依然更多浮现出男性领导、领袖的形象，但是越来越多的研究数据和越来越丰富的理论探索已经表明，"领导者"本身是没有性别的，即"领导者"既拥有一些传统意义上的男性个性与思维倾向，也具有一些传统意义上的女性特质。长期担任领导者角色的人大多有此体会，男性领导者在工作中考虑的是作为领导与管理者，而不是作为男人该如何行事；很多女性领导者在工作中会刻意提醒自己"忘了是女人"，即工作作风要硬朗、决策要果决，同时工作方法上要发扬自身优势。女性领导者与性别特质相关的优势突出表现在三个方面：同理共情、勤勉踏实、甘于奉献。

一、同理共情

女性天生具有较强的情绪感知和理解能力，这种能力既向内体察自己，也向外体谅他人。很多女性愿意从事照顾者、引导者、沟通者的职业，也是基于更强的同理心和助人动机。同理，也可简单理解为换位思考，这是最容易理解的沟通技巧，却是最难以掌握的实践要领。因为要设身处地站在对方立场思考，首先就要暂时放下自己的立场，还需要丰富的知识和经验去体察对方的处境。即使非常优秀且有经验的领导者，也不能确保自己同理每一类人，但是所有人哪怕年轻无知者也可以努力做到共情。共情是去观察、体会对方的情绪情感，并与之发生共鸣，从而表达自己的理解、陪伴与情感支持，获得对方信任。

几乎所有的女领导在自我评价中，都认为自己擅长做或花了很多时间精力去做下属的心理工作，说明在团队的情感关系建构方面，女领导充分发挥了自己的优势。这不是女领导的专属工作，而是"领导者"众多角色使命中的一个，即通过情感沟通增进下属对领导和领导团队的信任与认同，从而增强领导力。

二、勤勉踏实

担任领导职务的人通常都有较高的智商和情商。但是女性领导者，特别是行政事业单位中的女领导干部，评价自身优点时却很少强调自己的聪明才智，而是更多强调坚韧的个性、踏实的作风和不懈的努力。这是传统文化中"谦虚"的表现，更是"领导者"多重角色中"榜样"角色的必需要素。

在男性领导者占多数的社会环境中，女性需要通过踏踏实实的努力和实实在在的业绩获得认可，甚至有时需要付出比男同事更多的扎实积累。对某直辖市100位男性和30位女性局级干部的履历对比发现，平均而言，女性比男性在专业岗位工作的时间更长、晋升为局级的年龄更大。通过分析近年来国外女性政治人物的从政经历可以看出，女性领导者在履行"领导者"角色时，会面临比男性同行更多的监督和质疑。因此，勤勉踏实是女性工作中的"内隐"原则，是女性干部成为领导者之后为追随者（被领导者）所崇敬的重要领导特质。

三、甘于奉献

一位男领导曾经用"惠风和畅"形容自己的一位女同事。他说的这位女领导干部是一位事业单位的人事处长，不同于组织部长对干部的统筹管理，人事处长在单位里是处理杂事的负责人。这位女领导用自己温柔的一面作为一种工作方法去处理工作中的难题，温柔但不软弱，她在任何时候给人的感觉都是平顺的，就像温和的春天一样，好像你跟她不会有什么矛盾或者冲突。但是这背后，是许许多多的委屈和牺牲。她一定有一个坚韧和丰盈的内心世界，自己知道要去做牺牲。

不只是某一位女领导，甘于奉献甚至自我牺牲是很多女性干部身上的共性，这恰恰又非常好地诠释了"领导者"角色中"奉献者"的内涵。奉献者是为其他所有人提供安慰和支持的那个人，是"公平"的底线标尺。无论在家庭关系还是工作关系中，付出最多、贡献最多的人，才是真正拥有主动权和领导力的人，即使没有领导职务，也有强大的人际影响力，而影响力正是领导者综合能力和成就的集中体现。

女性特质并非女性独有，优秀的男性领导者身上也一定具备同理共情、勤勉踏实、甘于奉献等优点。这些领导优势与女性的个性和思维特点相一致,是女性干部修炼领导力、发扬自身优势的重要着力点。

 **扩展阅读**

如何调适自己的焦虑

1. 给焦虑打上正确的标签,找到自己的真实想法

当你感到焦虑的时候,通常会有一个初步的归因,什么事情在诱使你感到焦虑,这就是焦虑想法(anxiety thoughts)。这时候,需要先给你的焦虑想法进行分类、打上标签。你需要区分,这个想法究竟是否发自你内心的欲望、观念或者情感,还是外界施加在你身上的一种标准或期望。这是一个面对真实自我的过程。有些人长期的焦虑并不是由于焦虑事件和想法本身,而是缘于无法有效调控自己的焦虑。因此给自己的焦虑打标签是调节情绪至关重要的一步。

2. 把自己与自己的感受区分开,允许自己拥有焦虑的时刻

无论是被贴上内因还是外因的焦虑想法,都是面对刺激产生的正常心理反应。焦虑是你的众多情绪状态之一,它是由你在这一刻的想法决定的。不要让自己和自己的想法绑定。把你的想法看成许多经过你大脑的数据,它会受到很多不同因素的影响,我们应该有选择地去相信自己的想法。问自己两个问题:"我在做什么?""我为什么会有这些想法?"进而思考是否有其他更客观平和的方式来看待现在的处境。

在感到焦虑的时候,不要立刻简单粗暴地对自己说"不要再焦虑、不要去想了"。可以把焦虑的事情写下来，列成清单。无须评判或试图反驳自己焦虑的缘由，只是记录，允许自己表达。然后，再写一个记录平和心情的清单，写下那些让你感觉很安心、很平静的事情。两份清单放在一起，这就是你，一个拥有正常情绪变动的人。

3.找到重要同伴，特别是同性伙伴

随处可见的性别刻板印象往往会加重女性的焦虑。女性需要构建自己的社会支持系统，结交包容、开放、善良的朋友，而不是那些按照刻板印象来要求女性而不自知的人。在女性的成长道路上，需要有一位真正独立、自信的女性榜样（role model），帮助女性更加坚定自己的道路，相信自己的力量，可以抵抗压力，焦虑感自然会消解。

思考小结

最钦佩的女性领导者特点

- 古今中外的知名女性领导者中，您最仰慕哪一位？您认为她在工作中和在公众面前表现出的哪些个人特点是她成功的关键？

- 在您接触过的女性领导干部中，您最佩服的是哪一位？她做过的哪一件事给您触动最深？请列出她的五个优点。

第六章

女性干部的局限与挑战

　　自身素养与环境条件、工作压力与家庭责任的多重限制框定了部分女性干部的成长空间。适应环境需求、突破自身局限是女性干部职业发展中最根本的挑战,也是最重要的成长契机。

女性干部的领导力

第一节 女性干部的困与难

2019年夏,云南某县两名基层女性干部因拒绝组织提拔而被严肃处理一事,引起了各方热议。事件缘由是,2018年8月,县委启动干部考察工作,两名基层女性干部因考察成绩优秀,拟被县委提拔为乡科级副职领导干部;但在考察阶段,二人则分别以身体和家庭缘故拒绝了组织工作安排,因而受到处分。

从组织纪律角度,两位女性干部的行为有不当之处。而从传统文化家庭分工的角度,这又是非常符合常理的选择。就近、方便照顾家庭,是很多女性干部衡量工作岗位是否"合适"的重要现实因素,也逐渐成为她们回顾职业生涯时的一大遗憾。有研究发现,对于职业发展遇到的障碍或瓶颈,男性大多倾向归因为运气、公平等客观因素,而女性则更多归因为自身能力或投入不足。女科学家颜宁曾经提出一个问题:为什么在研究生阶段有很多女生表现出很好的天赋和学业基础,但是在导师、课题负责人的队伍中却很难看到她们呢?这其实是一个带有普遍性的问题,引发我们更多了解女性在个人发展中的困惑与困难。

一、发展目标之困

1. 职业期望

职业期望是人们希望从职业活动中获得的报偿,包括薪酬、福利保障、休假等旨在改善生存状态的酬劳,也包括社会地位、职业技能、工作成就感等旨在提升工作满意感的工作内在价值。每个人都有自己的职业期望,职业期望与岗位特征、组织环境的匹配性既是工作动力的源泉和保障,也是职业发展轨迹面临变化时的困扰甚至阻碍。

职业期望是人生观、世界观、价值观在工作场域中的综合体现。不同时代、不同性别的人,表现出不同的职业期望特点。有研究者根据女性干部自述成长经历中梳理出60后、70后、80后女性干部初入职的职业期望,发现除工作报酬外,60后女性干部入职之初更期望获得单位之中他人的认可,70后女性干部更希望在工作中充分发挥自己所长,80后女性干部更看重组织文化和团队氛围。同时,相较于前辈,80后、90后女性干部更多在职业选择阶段和入职初期就反复考量自己的职业期望与现实性,有心理工作者认为这是当今社会中青年人抑郁、焦虑等心理问题频发的重要原因。

女性的职业期望之困一方面表现为职业目标的不确定。不确定性包括盲目的、过于宏大的目标,比如沿用学业成功模式获得工作突出业绩、依靠贵人帮扶一步登天获得职业成就等。还有一些女性对工作环境的人际和谐有很高的目标,期望在工作中总是获得所有人的支持、鼓励、认可,对人际矛盾、他人评价十分敏感，甚至轻易否定职业目标和计划，这表明设立的职业目标与自我认知没有很好地统一。

女性职业期望的困境还表现为发展目标的冲突。一个人的发展目标通常包含职业发展和生活发展两方面，生活发展又包括家庭和自身个性成长。由于女性个性和思维方面的特点，相较于男性更加关注生活发展，一个明显的现象就是近年来对心理学感兴趣的职场女性越来越多，不仅在人数比例上远多于男性，而且侧重点也不同，女性更多希望解决自身职业、生活发展有关的问题，而男性大多希望解决子女相关的问题。女性的这种关注倾向以及相应的进一步求助行为，反映出女性在职业发展、家庭建设、个性成长方面面临的冲突和障碍。这类困难更为直接地体现在女性的职业发展规划和发展路径上。

2. 职业规划

一项有13000余人参与的网络调查显示，职业女性总体上对自身职业发展缺少长期规划，不同职业性质、不同行业的差别较大。从事教师、科研、医护等工作的女性职业规划较为清晰，有84%对于自己在所在行业的终生成就有目标且自认为有明确路径，69%为自己设定了中期和长期的职业发展规划，62%表示自己在做职业规划时因考虑到照顾家庭无法全力以赴而有意降低了发展目标、延缓了计划时间。从事政府管理与公共服务类工作的女性，有61%表示对职业等级、成就等有目标期望，而有相关发展计划的女性只有44%，多半女性表示"顺其自然""不强求"。在企业中从事市场营销、人力管理类工作的女性职业规划相对较短，大多只有5~10年，缺少中长期规划的原因主要在于行业、企业的变化风险和发展路径转换困难，这类困难本身与性别无关，但是女性从业者占了很大的比例。

不同行业、岗位的职业女性在职业规划中遇到的一个共同挑战是，何时生子、生几个孩子以及如何协调各方资源以尽可能满足家庭需求，工作岗位的附加价值增加甚至无限扩大，迫使部分女性不断调整职业发展规划，甚至最后放弃规划。女性在职业发展规划方面受到组织需求和家庭需求的双重挤压，生理和心理上都承受着较大压力。多位身居所在组织高层管理岗位的女性坦言，家庭矛盾最突出，甚至数次想离婚的时间段通常在30~40岁，冲突的导火索可能是子女教育、婆媳关系、财物分配等，但背后的根本原因都指向夫妻双方在对家庭持续投入之后的"获得感"。部分女性因在职业规划方面做出的让步和变更，成为一种"沉没成本"，而更加寻求家庭生活、家庭成员中的"获得感"，结果变得更加焦虑，也无助于职业发展。

二、发展路径之难

对于大多数人而言，职业发展的道路上可以完全由自己选择的机会并不会太多，甚至部分人将职业起点的选择视为重要的机遇。根据移动互联网招聘平台BOSS直聘发布的《2019中国职场性别差异报告》显示，在求职阶段，男性更偏向技术、销售等工作强度大、薪酬回报高的岗位；而女性更青睐行政、运营、市场等工作强度一般、薪资中等的均衡型岗位。那么女性求职者是否能够如愿呢？调研显示，58.25%的女性在"应聘过程中被问及婚姻生育状况"，27%的女性遭遇了"求职时，用人单位限制岗位性别"。招聘市场中的显性或隐性"性别歧视"迫使部分女性要么推迟孕育,要么暂离职场。

全职妈妈时隔3~5年之后回归职场,面临的往往是一条艰难且空间有限的路径。据某培训机构统计,2018年在该机构交费学习各类职业技能的女性人数比男性略多,且女性年龄多在30~40岁,男性年龄多在20~30岁。而就业市场留给此类"回归"女性的岗位类型和发展空间都十分有限,大多以家政服务、医疗护理服务为主。即使曾经高学历、高收入的"白骨精",在离开职场三年之后,也多半面临从头开始的困境。这种情况下,有些女性选择加入或组建创业团队,有些女性尝试电商、自媒体、心理咨询等多种形式的新自由职业,她们有时看起来光鲜自在,其实更多的时候在艰难地探索新路径。与此同时,也有一些女性一边被迫从事远低于期望薪资、待遇的工作,一边一遍又一遍地说服自己放弃职业理想。

近两年,越来越多的女性向高级技术、产品、管理等岗位涌入。如前文所述,大部分高层管理岗位、"一把手"由男性担任,大部分高薪岗位中男女比例关系依然呈现明显失衡状态。根据BOSS直聘发布的报告,随着工作年限增加,男性和女性晋升概率的差异逐步呈现,具有3~5年、5~10年和10年以上工作经验的男性比女性的晋升概率分别高1.5%、12.1%和8.3%。可见女性职业发展路径的转折点或称为关键点,是入职5年左右,这个时间点恰好面临职业生涯中的第二次选择,是继续辛苦拼搏,还是降低自我期望、寻找舒适区?或者重新规划职业生涯?三个选项,各有各的苦和累,而很多女性由于自我认知的局限和家庭支持的匮乏,做出不甘愿或未充分准备的选择,就意味着未来职业发展道路上更多的挫折体验。无论选择什么样的发展路径，通常在职业生涯的后期，女性会找到适合自己的职业定位，并通过积极工作为自己的职业历程画上自我接受、相对完满的结局。

第二节　对女性干部的刻板印象

女性干部职业发展中的种种困难，一部分可以归结为家庭事业难两全的客观条件制约，另外更为重要的是社会文化背景下的组织环境对女性的刻板印象影响。刻板印象，并不只是他人对自己以偏概全、过度概括化的认识，也会影响一个人的自我认知和自我发展。长期处于某种刻板印象的影响之下，比如领导认为女性的思维逻辑性较差而工作态度较好，因而在分派任务时有意将复杂问题分派给男性干部，而将琐碎问题分派给女性干部，就会导致女性干部受到相关考验和锻炼的机会变少，长此以往将会影响女性干部的能力提升和职业发展。

一、娇气与要强

无论何种组织，对女性干部最常见的刻板印象是娇气。这种刻板印象最初可能是善意的，比如照顾女性同事少干体力活、少值夜班，犯错误时批评的语气轻缓一些等。时长日久，逐渐变为一种对女性干部的认知和评价：她不愿意承担体力活，让她值夜班需要特别解释和说明，严厉批评她可能受不了，等等。这样的认知有时候是未经检验的错误判断，女性干部自身并没有要求特殊关照；有时候则成为女性干部自己也认可的不成文规则，阻碍女性干部的进步。很多优秀的女性干部在总结经验的时候都讲道，要主动承担脏活、累活、难事、风险，主要用行动告诉别人，你可以承受、你能吃苦、能战斗、能踏踏实实解决问题，打破他们想当然的刻板印象，塑造属于你自己的职业形象、而不是"女性"的笼统印象，别人才会认可你。

有些女性干部很要强，听不得别人说"不"字，一说自己的缺点、错误，就急于反驳、争论，甚至耿耿于怀，这其实就是娇气，期望获得别人更多的善意、谦让和包容。越怕听难听的话，越回避、气愤，就越容易感受到外界的不理解和不友好。相反，坦然接受刺耳的意见、评价，承认自己有不足，会被批评甚至责骂、怨恨，勇敢承担，一边弥补不足一边坚持自我信念和风格，才是真正的强大。我们看到很多领导干部有了丰富的阅历之后，常常表现出一种喜怒不形于色的状态，往往表明他们内心笃定、游刃有余。

二、"骄气"与耿直

女性干部往往坚持原则和理想，并且很多优秀的女性干部拥有非常突出的业务能力，因而在工作中有时表现为个性执着和强势。比如某大型国企的财务总监曾坦言自己年轻时"脾气很冲很直"，看到来单位讨要丈夫工伤补偿的农村大嫂被财务部门领导慢待、为难，就激烈地去打抱不平，结果搞得大家都下不来台。

当时的主管领导点拨说:"不是你做错了,是你做的方式不能被社会所理解和接受。"多年后回想,这是一种"骄气",以耿直的形式表现了出来。

再比如,很多优秀的女性干部具有工作标准高、一丝不苟的工作习惯。成为领导干部之后,也容易以相同的工作模式要求自己的团队和下属。而且,女性干部如果能在家庭与社会的关系中做好取舍和平衡,说明她具有较强的独立思考能力和决断力,这在工作中既表现为干脆、爽利,有时也会让他人感到强势。遇到紧急工作任务时,坚决的态度、快速的思维和语言、严格的高工作标准,如果再带有一些外显的情绪,就可能被下属或合作者解读为"颐指气使"。这时候需要女性干部在坚持正确原则和工作标准的同时,学习掌握更有弹性的沟通技巧,并及时调控自己的情绪状态。

三、嫉妒与攀比

嫉妒缘于社会比较。通常人们对自己的认知和评价依靠内外两方面的信息,内部信息主要是关于自己过去、现在、未来的纵向比较,外部信息主要是关于自己与周边他人的横向比较,把他人作为一种参照系。如果现在的境况在某些方面好于过去、自己的境况在某些方面好于他人,就容易满足自尊的需要,获得心理平衡,相应地表现出平和的心态。相反,如果现在的生活状态比过去更加艰难,或者自己的遭遇看起来比他人更加不幸,就容易质疑自己的付出甚至生活的意义,感到失望和愤怒,有些人向内发泄,表现为抑郁、悲观,有些人向外发泄,表现为言语攻击或行为攻击。嫉妒就是在与他人的横向比较中感到失望、失落的一种认知和情绪反应，这是大多数人都可能会有的心理活动，并不是女性的特点，只是女性较多的情绪表达凸显了这个问题。

管控好嫉妒心理的关键在于避免攀比。"爱拔尖儿"是对女性领导干部的一种刻板印象，心理健康与心态平和是女性干部打破社会刻板印象最有力的武器。一方面，在社会比较与自我评价中，选择多个不同类型的参照比较目标，每个人都是多侧面的，因此需要从多个角度综合比较、评价自己的优劣与得失。要知道能力、业绩等往往是综合素质长期积累的一种体现，避免从单一事件、单一维度过高或过低地认识自己与他人。另一方面，要容许他人有胜过自己的地方和机会，也就是正视万事万物的变化和规律，避免片面追求某一方面的绝对比较优势，钻牛角尖。

> **思考小结**
>
> ### 年龄对女性干部的意义
>
> 人在不同的年龄阶段都有相应的生活任务和发展目标，您对自己的职业生涯有怎样的设想和规划？站在时间的坐标轴上，如何看待自己的优势和劣势？在危机与挑战中，如何促成内在的改变？这些都是女性干部在成长发展中需要不断思考和总结的问题。

第三部分

女性干部的自我成长

自我成长是在工作与生活中不断认识自己、改造自己、接纳自己的过程。自我成长的意义是在矛盾中找到方向，在困难中找到力量，在付出中找到幸福，进而提升自己的判断力和影响力。女性干部的领导力在工作与生活的很多场景中都可以体现，职务晋升有终点，自我成长无止境。

第七章

女性干部的自我认知

　　自我认知总是伴随优劣评价与悲喜情绪，因而自我认知的困难并非看不到，而是有意无意的忽视。女性干部需要常"照镜子"，不带妆、不穿鞋、看气质，放平心态，正视自己，才能合理地评价自己，并在工作与生活的变化中保持稳定的自尊与自信。

第一节 自信的女性干部

一、女性干部的个人理论自信

对事物之间的共变关系、因果逻辑、发展趋势进行解读的思维地图,就是大脑内部的理论体系。每个人都有自己的一套理论体系,指导着我们对主客观世界的认识,并与需要、情感、习惯等因素共同构成复合动机,驱动我们的社会行为。这套理论体系源于以往的知识和经验,并且因受到挑战而不断地补充和修正。个人理论体系的建构、扩展、修正,是一个人认识水平提升的内在基础。

女性干部具有勤于内省、善于学习的个性特点,有助于主动升级个人理论体系,其方式主要有阅读、交流、反思等。沟通交流不仅是人与人之间互通有无、协调合作的良好机制,而且具有促进思维的功能。根据发展心理学理论,幼儿在智力启蒙阶段的思维方式就是"发声思维",即借助语言符号,在表达的过程中思考,就是因为早期的思维功能需要通过社会交流才能得到锻炼。长大之后,思维加工过程内化,可以有选择性地对外表达,但是"发声思维"依然对大脑思维活动具有明显的辅助作用。因此，我们常常看到很多优秀的女性干部不仅乐于表达，而且善于表达，特别是在开会、发言、对外宣传工作中，这些成功经验会进一步强化女性干部的个人理论自信。

个人理论自信在工作中表现为对工作原则、工作方法的坚持，女性相对于男性更多的言语表达会使这种坚持更为明显；同时，女性干部有时为了扭转他人的性别偏见，也更倾向于展示自己的坚持。

个人理论自信展现了领导者思想意图的一致性和适用性，有利于提高组织效率，但是过高的自信也会阻碍挑战性信息的接收和解读，妨碍个人理论系统的自我修正，且可能被外界理解为领导者的骄傲自负甚至刚愎自用。

二、女性干部的能力自信

女性干部的能力自信有三个来源：业务能力、基层经历、人际支持。

能力自信不是"我不比别人差""他能行我也能行"的攀比，而是建立在工作业绩、工作效率基础上的工作胜任感。一些优秀的女性干部依靠出众的业务能力和一丝不苟的工作态度在工作中脱颖而出，获得广泛赞誉；也有一些素质出色的女性干部虽然没有特别出彩的表现，也没有快速提升职务，但是在家庭与工作等多重压力下以极高的效率和良好的质量完成单位工作，她们在工作场景中展现出自信、阳光的形象。

在基层单位中，我们也常常能看到自信开朗的女性干部。众所周知，基层工作资源相对较少、矛盾相对突出、问题相对繁杂，基层干部平时工作压力较大，特别是由于人际沟通障碍给人带来的情绪影响较大。但是在实际接触和调研测评中我们发现，基层女性干部大多个性开朗、乐观、自信，有些人一边承受着工作中的质疑、挫败、打压甚至危险，一边向他人传递坚定执着的正能量。究其原因，除了个人理论自信之外，基层工作经历给予了女性干部非常丰富的人际交往经验，特别是大量的失败挫折经验，被女性干部利用自身优势充分吸收转化为战胜困难的信心。

女性干部也可以从支持性的人际关系网络中获取自信。女性在自我认知、自我评价的过程中需要借助他人的反馈来了解自己言行所产生的影响。他人的赞誉和鼓励可以增强一个人的自我价值感。在目前的多数社会文化中，人们（包括女性）对女性在道德方面的缺陷容忍度较之男性更低，对女性在外表吸引力方面的期许较之男性更高，对女性在工作能力方面的期许相对较低，这从客观上导致女性在工作中更容易获得他人的谅解和支持。加上女性对维护良好人际关系网络的自然需求，使得获取的社会支持资源成为女性自我效能感和价值感的重要依据。

三、女性干部的外表自信

女性受社会文化的影响，更容易将好的结果归于因为自己的努力或外表吸引力。女性干部的外表自信既表现为对自己外表的认同和欣赏，也包括对自己外表吸引力的评价。

优秀的女性干部善于欣赏自己的美。社会文化舆论中对于女性外表的评价大多遵循了男性的审美标准和需求，而有独立思维能力的女性通常也拥有独立的审美标准与欣赏品位，可以看到自己身上独特的美，也可以看到他人身上容易被忽视的美。一个眼神，一个表情，一个动作，在观察细致、共情丰富的女性眼中都可以拥有美的价值。这样的认知赋予了女性干部不依存于他人认可的自信，以及由此衍生而来的亲和力。亲和力是女性在工作中的一个优势，优秀的女性领导者不仅因善良、温柔而让人感到平易近人，更因尊重和欣赏他人而赢得信任。这些正向的外部评价进一步巩固了女性干部的外表自信。

通过梳理女性外貌自我评价的相关研究，我们发现大学生和低收入女性群体中有很大比例认为自己"长得丑""不好看"，而高收入女性、女性领导干部则很少有这样的自我评价，大多认为自己"外表普通""气质较好"。那么，是不是外表吸引力更强的女性更容易在职场中获得成功呢？

以收入为例，经济学家摩比斯和罗森布莱特在《美国经济评论》中发表过一篇文章，利用实验经济学方法探究了外貌对收入的影响。他们做了一个实验：先给一群人的颜值打分，再让他们在电脑上完成任务。之后，由另一群人来决定他们的报酬。决定报酬的人，有的只能看到文字简历，有的能看到带照片的简历，有的不但能看简历，还能通过电话或视频和参与者聊天。结果发现，颜值分数每提高一个标准差，收入大概提升12%～16%。这个提升里面，"漂亮的人更自信"占15%～20%，"漂亮的人更会沟通"占40%。研究者进一步提出影响收入的三条传导路径：一是自信心路径，美貌会增强个体自信心，较强的自信心会提升个体收入；二是雇主歧视路径，雇主会误以为貌美者能力更强，从而给予其高工资；三是语言表达路径，貌美者有机会锻炼出更强的沟通交流和社交技能，进而使其收入更高。

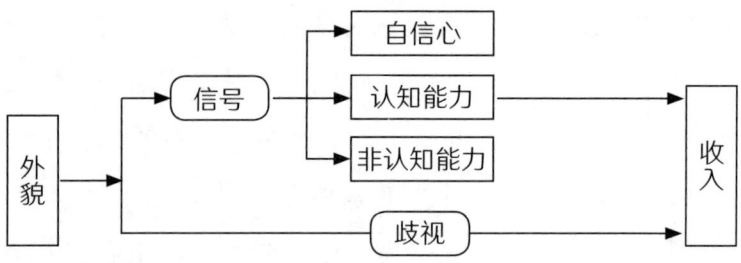

我国学者曾湘泉和胡文馨（2019）利用中国家庭追踪调查（CFPS2014）数据，研究中国劳动力市场中外貌对个人收入的影响及其作用机制，研究结果表明：外貌对收入有显著正向影响；相较于女性，男性的"美貌溢价"更明显。第一，外貌对收入有显著正向影响，即存在"美貌溢价"现象。第二，外貌对收入的影响存在明显的性别差异，男性的"美貌溢价"更明显。男性外貌评分每增加1分，个体收入增加3.7%。这个特点对于35岁以下的男性尤为明显。

由此可见，外表吸引力确实可能在职场有"加分"效果，即"美貌溢价"，但是外表吸引力绝非女性在职场中的获胜法宝。实践经验和理论研究都发现，外表优势在女性竞聘中高级以上职务时，有时反而会因社会偏见、不公平规则、同性嫉妒等原因成为上升阻力。更多情况下，女性干部因出色的工作效果和职场地位而反向加强了外表自信。

第二节　自尊的女性干部

一、什么是自尊

自尊是自我认知中的核心成分,是一个人对自身价值的综合评价,相应地包含对自己各方面表现和他人反馈的期许。在社会心理学中,一个人的自尊分为外显自尊和内隐自尊两部分,互为表里。外显自尊是个人愿意表达、希望表达给他人知晓的自我评价,这个自我评价通常是个人在社会评价体系中对自己进行的主观定位,可以简单理解为"应得的尊重"。内隐自尊是个人受限于某些因素不希望直接展现给他人,甚至自己可能也没有意识到的自我评价,可以简单理解为"期望的尊重"。

一个经典的内隐自尊实验是这样的:屏幕上以较快速度闪现人称代词和形容词,请参与者用敲击桌面的方式进行反馈完成认知实验任务。一组参与者被要求,当屏幕上出现第一人称代词(我、我们)和褒义词时用左手敲击桌面,当屏幕上出现非第一人称代词(你、你们、他、他们)和贬义词时用右手敲击桌面;第二组参与者的任务相反,当屏幕上出现第一人称代词和贬义词时,用左手敲击桌面,当屏幕上出现非第一人称代词和褒义词时用右手敲击桌面。在不同人群中的上千次实验中得到了一致的结果：第二组参与者的认知反应速度和正确率都要大大差于第一组。主要原因就是内隐自尊在起作用，即人们在潜意识中自然而然地倾向于把自己和褒义词联结在一起。因此，外显自尊常被解读为自信、自强的积极进取行为，内隐自尊有时被忽视或压抑成为深层的行为动力或心结。

二、女性干部的自尊表现

女性干部的自尊在工作中表现为高标准和严要求，她们更愿意在工作配合度和工作表现上展现自己。一位在企业工作的女性中层管理者这样评价自己："我去年到了退休年龄，但是公司又继续聘用我工作，平心而论我没有什么突出的能力，特别是跟现在的年轻人比，很多时候我还挺吃力的，但是能够得到领导的信任，我想是因为我这么多年一直兢兢业业工作，多难的事我都没有直接回绝过，总是绞尽脑汁想办法，实在做不到自己也不后悔，也不愧对他人。"这种高标准和严要求有时也会体现在女性领导者带领的团队中，比如中国女排主教练郎平在分享自己执教经验时，就把建立在科学方法之上的高标准训练和严格管理作为最主要的成功经验。日常的高标准和严要求提升了运动员的自我评价标准，因而女排姑娘在比赛中总能展现出拼搏精神和顽强斗志。

女性干部的自尊在人际交往中表现为乐于赞美和被赞美。一个小孩子听不得他人的批评，人们会说这个孩子"自尊心强"；一个成年人听不得他人的批评，人们会说这个人"固执己见"；

一个领导干部听不得他人的批评，人们会说这个领导"自负自大"。其实，无论在任何年纪、处于何种地位，内隐自尊实验已经表明了人们对于赞美的不自觉偏好、对于批评贬损的天然抗拒。女性细腻的个性和认知特点赋予了女性发现自己和他人优点的"天赋"，使得女性在人际交往中更容易找到赞美他人的理由，也更容易无条件地接受他人对自己的赞美。

女性干部的自尊还表现为对社会刻板印象和偏见的抗争，这一点在女性领导者身上更为明显。每一个成功的职场女性都会有意识地展示甚至突出自己身上区别于刻板女性形象的特点：勇敢、果决、理性、大度等。部分女性会在衣着、装扮等方面着重凸显专业、简洁、明快的个人风格，即使没有客观要求，也会在主观上时刻维护自己的职业形象。

柔而不弱是大多数女性认可的自我职场形象，也是女性希望获得的外部认可，内外评价的一致性是女性职业发展、发挥领导力的前提。一位女性干部在访谈中讲到基层锻炼经历时，坦承自己的性格特点是不认输、要争口气："别人觉得我是去混两年经历、走过场，我说我一定要干好，干不好我就不回来。他们嘴上不说，心里不信，而且我当时还怀孕了，别人就更是很谦让很客气，让我在办公室里做一些相对轻松的事情，不让我去直接面对各种矛盾。但是我用行动证明我没有说大话，我在基层待了六年，从副职到正职，该担的责任都实实在在担起来，逐渐地大家开始真正接受我、信服我了。"

第三节　矛盾的女性干部

一、自信的反面

自信的人有行动的勇气并敢于承担风险；相反，缺少自信的人在行动时容易瞻前顾后，遇到困难容易焦虑，遭遇挫折打击容易悲观。这些不自信的表现不仅影响工作和社会交往，而且给个人带来很大困扰。对此，有些人自我否定、自我压抑，外表看来善良随和，内心却较少开怀；有些人通过攻击、贬损他人寻求某些方面的优越感，心绪难平。

女性干部的不自信，表现为对异性的高估和对同性的苛责。根据智联招聘等企业发布的《2020中国女性职场现状调查报告》，在两性的自我评价中，职场女性面对男性依然有些不自信，但面对女性同事时的自信值更高，49.33%的女性认为自己工作表现比同级的女同事更佳，42.56%的女性认为无太大差异，8.11%的女性认为自己稍弱；而在与同级男性比较时，仅38.74%的女性认为自己更佳，49.76%的女性认为无太大差异，11.5%的女性认为自己稍弱。反过来看，职场男性在面对女性时的信心也强于男性，对女性的能力评估略低。在选择领导者的性别时，虽然近6成的职场人认为领导者的性别不重要,但想要追随女性领导者的女性职场人占比仅6.92%,愿意追随女性领导的男性职场人占比12.45%,这也可以从侧面证明女性在对自身不自信的同时,对其他的女性职场人却表现出排斥和苛责的态度。

这一现象反映出在当前社会文化中,传统上男人"养家糊口""建功立业"的思想和社会分工依然占据主流,而对女性角色的定义虽然出现了一些变化,鼓励女性与男性同场比拼、共担责任,但是"下得厨房,上得厅堂""相夫教子"依然被认为是多数女性的"主业",而事业、兴趣等都是面临两难时应该被舍弃的"副业"。在这样的认知背景下,很多女性在工作中的"专研"程度弱于同等资质条件的男性,并逐渐导致工作能力上的差距,进一步失去职场话语权。

因话语权缺失引发的无力感也让女性持续自我厌弃、自我施压。比如对于职场晋升障碍,调查显示31.47%的男性归因于"领导、上级任人唯亲",28.36%的男性归因于"论资排辈,不重能力",显示出怀才不遇的心理。而女性在归因时再次展现了不自信和来自婚育的拖累,32.06%的女性将晋升障碍归因于"个人能力和经验不足",8.3%的女性归因于"照顾家庭,职场精力分散",9.02%的女性归因于"处在婚育阶段,被动失去晋升"。

这样的归因促使部分女性在面对挑战或困难时更倾向于回避或退缩。这些心理倾向表现为在工作中更希望长久从事安稳的、按部就班的工作任务,愿意兢兢业业、辛苦付出,但是惧怕陌生的环境条件和风险挑战。而越是躲避,越缺少自我挑战的经验,越无法建立起工作中真正的自信。在心理学中有两种自我认识——自我效能感和工作胜任感。它们都需要通过成功经验累加建立和修正。自我效能感和工作胜任感的确会引发职场焦虑，很多时候人们常挂在嘴边的"工作压力大"，就是职场焦虑的一种体现。要减少职场焦虑，增强自我效能感和工作胜任感，需要女性干部主动地、勇敢地跨出一步，探索更广阔的职业领域、磨炼更多样的工作技能。

二、自尊的反面

自尊不同于自信，不依靠外部评价和反馈。一个人的自尊与其人生观、世界观、价值观紧密相连。低自尊的人在进行判断和决策的过程中，总是伴随着对自我的负面评价和对未来事物发展的消极预期。在日常工作和生活中，低自尊的女性较男性更为常见，她们在一些具体工作中可能会有不错的表现，但是难以对他人产生有力的正向影响，因而难以真正担当起领导职能。低自尊的人有以下几个特点：

1. 总是主动将错误归因于自身，不能对自己进行客观评价

通常人们在社会认知中会有自我服务偏向，即为了保护自尊而把错误归结到他人或偶然因素上，而低自尊的人总是主动把错误归结到自己身上。这并不是因为低自尊的人更容易进行客观评价，而是原本就偏负向的自我评价在受到他人指责时进一步被贬损，以至于难以自我接纳。因此低自尊的人对外表现出一种敢于承担错误的形象，实际上是抗压能力极低的一种直观表现。

2. 总是羡慕他人的生活方式

低自尊的人难以找到自我认同，否认自己生活的意义和价值，缺少探索和开拓的勇气，因而也缺少对他人经验的体察、了解，容易盲目羡慕他人。同时自己难以做出改变，造成一种恶性循环。

3. 总感觉担当不起别人的称赞

低自尊的人总是过分"谦虚"。谦虚是建立在自我认可的基础上，对自己更加严格要求、督促进步。低自尊的谦虚是自我贬低，觉得配不上别人对自己的优秀评价。由于这种自我评价与他人评价的反差，一方面，低自尊的人容易感到焦虑和压力；另一方面，给予其较高评价的同事会认为其缺少责任感。

4. 不能和别人保持长期、稳定的关系

由于内心充满消极、悲观的情绪和认知，容易将自己摆在弱势、需要保护、额外关照的位置，在较深层次的人际交往中容易给他人造成困扰和心理负担。从自身来讲，由于否认自我价值、盲目羡慕他人，无法真正走近他人、了解他人、接纳他人，因而难以维护好稳定的、亲密的人际关系。

5. 不会拒绝别人，害怕与别人发生争执

低自尊的人，在无法认同自我的前提下，还会存在一种畏惧外界变化的心理。不敢向别人表达自己对事物的认知，不敢与外界交流和交换，遇到自己与他人不同的地方，潜意识里已经认定自己输于人、弱于人。在面对对方正面的请求时，因为内心的怯

慑而没有勇气去拒绝别人,害怕因此而得罪人。

自尊自信、理性平和是社会倡导的积极心态,多数人认为自己可以做到或已经做到,而实际上这种心态需要终身修炼。低自尊、低自信的人在挑战与困难面前无法做到理性平和,过分自我保护的、退缩的、情绪化的反应将严重限制一个人的自我发展,也容易在人际交往中造成误解。现代女性因拥有自尊、自信而走入职场,也因不断积累、增强的自尊自信而在职业道路上勇敢前行。

扩展阅读

提高领导干部心理健康才能提升领导力(节选)

领导心理是一个综合指标体系,是由各种心理活动及其要素构成的整体概念。它包括领导者在领导过程中的认识活动、情感活动和意志活动。领导心理是领导者与社会政治体制、经济文化、组织环境交互作用产生的,受到客观环境因素的影响与制约。

领导心理是在领导活动中产生的。领导者的所思所想、所困所念、一言一行都体现着领导心理的变化特征。领导者作为公共人物,其行为和心理过程既有一般心理的普遍性,也有政治文化心理的特殊性。具体而言,领导心理及其价值意义体现在以下几个方面:

一是领导心理活动贯穿于领导活动始终。领导活动有其自身规律,这些规律概括起来就是领导者与被领导者在具体领导环境下相互依存、相互联系、相互制约和相互作用。它们既有贯穿于领导活动全局的基本规律和一般规律,又有存在于领导活动的某一层次、领域、阶段或环节的特殊规律。不论是领导者还是被领导者，在实现领导目标的过程中自始至终都有各自的心理活动。

领导者最基本的工作职能是决策和用人。要形成正确的决策就需要不断地提高自己的抽象思维能力和创造力，要及时地做出决策，要有判断、应变能力。在督促群众实现决策方案的过程中，要有坚忍不拔的意志品质；在实施追踪决策的过程中，要充分考虑群众的心理承受能力等问题。心理活动也贯穿领导者的选人用人过程。从领导者角度，要有对被选者的洞察力和预见力。相应地，被领导者在接受上级领导的过程中，认同领导目标需要积极思维和批判精神；实现领导目标需要积极自觉的态度和良好的技能技巧；建立与工作伙伴的和谐人际关系需要良好的性格和深厚的情感等。

二是运用心理活动规律提高领导活动效能。其一，探寻领导者实现领导职能应具备的心理品质、优化领导班子的心理结构。在绝大多数部门中，领导者并不是单个的存在，而是由若干个分担不同职责的人组成的领导集团，也称为领导班子。为此，要发挥领导班子的整体领导效能就必须研究心理结构的优化问题，依据领导者的社会角色对领导者心理方面的修养以及对领导班子心理结构方面提出要求，提示领导者完善自己的心理品质，探索建立领导班子优化心理结构的途径和方法。其二，揭示领导过程的心理机制，为在领导过程中提高领导效能提供科学基础。以心理学的基本理论和方法为指导，对领导过程这个特殊的领域进行心理分析，揭示领导过程心理活动的特殊规律。

三是领导过程就是提高人的心理素质的过程。领导活动离不开人的心理活动，而人的心理素质又需要在领导实践中得到提高。比如，领导者通过对被领导者的激励，也不断实现着自我激励,领导者与被领导者在实现领导目标的过程中,通过彼此认知、情感交流、协调行为,会激发各自的健康情感和积极态度,通过生产和工作实践,能培养人们的优秀品德和良好性格,锻炼坚强的意志、训练与提高技能、技巧和工作能力等。

——节选自《中国领导科学》2020年第2期理论文章《领导心理研究方法及其发展趋势》,作者中共中央党校(国家行政学院)党建部党的领导与领导科学教研室主任胡月星教授。

> **思考小结**
>
> ### 有权力的女性干部如何看待自己
>
> 权力是一种与职务相对应的影响力,掌握着一定组织权力或社会影响力的女性干部,必然获得广泛而大量的赞许性评价,这些反馈容易影响我们的自我评价。我们很容易看到一个人有了一定职权之后比从前更加自信。自信的女性光彩照人,自信心的增长可能促使我们更多地投入于工作之中、更高水平地发挥自己的才能。自信也可能会使我们在决策中更加依赖自己既有的经验,在合作中更愿意相信过去熟悉的人。此外,由于社会对女性"优秀"的标准更加综合化,拥有权力的女性干部既要彰显自信与才能,又要注重"度"的把握。

第八章

女性干部的关系认知与平衡

　　协调社会关系、平衡家庭关系是一种综合素养,可以为工作发展提供有利条件和适当空间,有时被看作女性干部的优势能力,实则是很多优秀女性干部面临的最大挑战。岂能尽如人意?但求日益精进。

第一节 人际网络中的女性

调查发现，当询问女性"如果所有认识的人相互交织组成一个人际关系的网络，每个人都是其中一个点，那么你觉得自己这个'点'在什么位置上"这个问题时，约有五分之四的女性把代表自己的点标示在人际网络中心点与边际之间的某处，只有不到五分之一的女性把自己放在中心点上。

在另一项实验中，请女性干部在白纸上先画一个圆圈代表自己，然后再画四个圆圈代表与自己接触最多的四个人（不限家庭或工作关系）。从五个圆的大小和位置关系，可以看到女性干部对于自己与密切他人关系的内心定位。结果发现，很多女性画出了相互交叠的五个圆圈，如下面两图所示，而代表自己的圆圈1处于其中最大、最中心的位置。

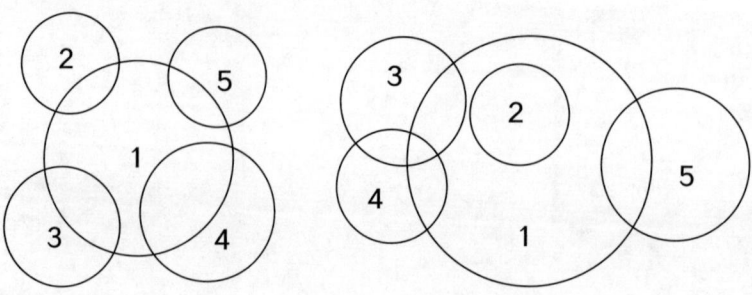

你画的图形是什么样子？你画出的2号、3号、4号、5号圈分别代表了谁？从图形来看，你与他们分别具有怎样的关系呢？

在这两个实验中，我们可以清楚地看到女性在人际网络中的重要地位和作用：第一，女性是人际网络架构的支撑者，没有女性角色的人际网络架构是不完整、不稳定的；第二，女性是人际关系网络的联结者，女性是联结家庭内部成员的纽带，也是家庭之间联系的桥梁；第三，女性是保护者，竭尽所能地、主动地为重要他人提供支持和保护，甚至有时会模糊彼此的边界。

第二节 女性干部的社会关系协调

从女性干部的角度，社会关系主要包括工作内部关系和外部关系，内部关系即与上级、下级、同级同事的关系，外部关系包括合作关系、服务关系等。这其中，特别需要协调的关系是与同事的关系、与下属的关系、与合作和服务对象的关系。

一、对同事大气

在组织内部同级别的人际交往中，人们通常更注重"女性"角色的特点与价值。形容传统女性在人际交往中优点的词语，比如质朴、善良、上善若水、温暖等，其实本质上都涉及一个行事特点——大气。女性干部要大气。大气的表现之一是，从内心放空自己，装下他人，与人为善，为他人提供支持和帮助。很多女性在家庭生活中喜欢给家人买东西，给孩子、丈夫、父母、亲友买吃买穿等各种用品，就是心里装着他人。这种思维和行为习惯延伸到工作中，是一种更为可贵的品质。因为心里装下了他人而胸怀宽广。

大气的表现之二是，开诚布公。女性干部心思细腻，观察入微，更需要坦诚沟通，尽可能清晰地表达观点和意图。比如某集团公司班子有四位女性，虽然个性不同，但是在工作沟通中都采取了简明直接的表达方式。经过一段时间的相互了解，合作得非常好。其中一位女领导认为，直接的方式虽然当时可能会有争论，但是可以很好地澄清问题，避免更多误解。特别是作为领导，相互之间更要加强沟通，这样分管的部门之间才能更好地协作。

大气的表现之三是，润物无声。优秀的女性干部都有出类拔萃、光彩照人的一面，也有在舞台下微笑鼓掌的一面。扮演好舞台上和舞台下的每一个角色，在每一分钟都尽可能发挥自己的积极作用，在他人的成功中体现出自己的价值。即使一直默默无闻，也是协调协作关系中不可缺少的枢纽。

二、对下属大方

有些女性干部在自己的专业领域内非常优秀，对自己的能力非常自信，也经常获得他人的赞扬，但是职业晋升却屡屡受阻。究其原因，评价一个人的领导能力，要看他是否能够推动一些决策实施、协调解决一些问题。真遇到难事的时候，有的干部推不

动,因为调动下属的积极性不够,主要表现在以下三个方面:

一是在心态上对下属、对他人不大方,觉得自己优秀,在很多方面远胜于下属,而不愿意与下属细致沟通,认为下属应该主动揣摩、理解自己的意图,即使不理解,也应该无条件信服。同时对下属缺少鼓励,真心的夸赞少,使得下属畏惧多、敬服少。

二是在利益上对下属不够大方,仅从自身角度考虑利益需求和目标,缺少换位思考,不关注下属的实际困难以及相应的工作动机,使得下属在工作中只能承担短期任务,没有长期目标,也没有归属感。

三是与下属争功。很多领导干部在自我成长反思中都提到了不与下属争功这个要义。这是非领导者与领导者角色之间的一个显著差别,从竞争者到助推者,从争夺到共享,是领导者需要尽快完成的自我认知转换。

三、对挫折包容

在与外部组织、服务对象的协调中,经常会遇到各种各样的阻碍,计划改变、沟通不畅、批评指责、意见相左等挫折都是常态,既要重视并解决问题,又要保持平和包容的心态。

首先,容许变化。很多优秀的女性干部在工作中会有一些完美主义倾向,希望计划尽善尽美。但是大多数事情的发生和发展进程都是曲线的,受到很多因素影响,在这个变化过程中,协作对象、服务对象的需求和条件也会发生改变,相应地也需要更多的沟通和协调。

其次,应对变化。所有与原有预期不一样的情况,都可以理解为变化。有可能是对方的改变，也有可能是自己主观认识的转变。变化发生的时候，人们本能地会产生心理紧张感，及时调整心态、对变化条件进行全面评估、再次确定工作目标是正确应对变化的前提。

再次，主动变化。根据事态进展、受挫经验，调整着力点，或持续改进工作内容和方式方法，都是主动的变化，可以更好地协调资源，促进多方合作。

最后，也要有勇气承受失败。有些挫折在工作过程中可以调整和补救，有些挫折无法扭转最终获得失败的结果，要认识到失败本就是可能的结果之一。对失败的归因要避免过度偏向己方利益的自我服务偏差，避免过度偏重动机、忽视客观规律的归因偏差，也要避免各种社会偏见的影响。

认真负责做事，做认真负责的事，尽力而为，不问功名利禄。

简简单单做事，做简简单单的人，不争不抢，但求问心无愧。

第三节　女性干部的家庭关系平衡

家庭与事业的平衡，是女性干部绕不过去的一个挑战。几乎所有的女性干部在接受正式或非正式访谈时，都要提及家庭关系。女性在家庭中是女儿、姐妹、妻子、母亲，每一个角色都背负着沉甸甸的期望和使命，同时也蕴含着无穷的动力和坚强的支撑。本节通过几位女性干部的自述，探索女性家庭关系的平衡之道。

一、"先生给我的力量"

我今年52岁了，也可以说是经历了很多事情，包括工作中，在不同层级的领导岗位上已经工作了25年，成功很多，挫折更多。但是我到现在为止，经受的最大磨难是我先生的去世。我先生非常优秀，他自己的工作做得非常好，对我也特别好，我一直觉得我们俩算是互相成就。四年前，他在体检的时候突然查出胰腺癌晚期，7月确诊，11月去世。我自理能力差，而且在生活上也比较粗心，一直是先生照顾我。他知道自己病了之后，就把家里所有的事都替我安排好了，包括房产过户，我自己连银行都没去过。先生去世之后，突然之间，我觉得工作中、事业上很多事情我都看淡了，真的放下了。我就像小孩子刚学走路一样，慢慢地重新站起来。我想现在我之所以还能乐观地生活，是先生给予我的力量的延续。

二、付出再付出

女领导如何平衡家庭和工作？就得多付出。早上我到单位吃饭，但是我要在家里给我爱人做完饭再出门。我晚上经常有工作，我需要回家先给孩子做完饭，再出去加班。

爱人娶的是老婆，不是领导。孩子要的是妈妈，不是领导。你不能说你是领导，工作忙，就不做妻子、妈妈应该做的事。你得付出时间、感情。你付出之后，他们也会理解你。我爱人就特别理解我，有时候我晚上睡不好，他早上就会主动送我上班，为了让我能多休息一会儿。晚上他也陪我出去走走，让我能跟他说说话，疏解疏解心情。

三、回归家庭，享受生活

别看我在外面是个领导，好像忙得跟陀螺似的，但是我觉得女人的幸福感，更多来自家庭、朋友的认同。我对自己的期望是，家庭要和睦，孩子要有出息，我自己的工作和为人要得到别人的认可。生活中，因为爱人赚钱养家很辛苦，我回家就做家务，早上送孩子上学，晚上辅导作业，哄孩子睡觉，从不抱怨。

女人要扮演很多角色。有些角色是尽可能做好，有些角色是必须做好不容差错。就看你想得到什么。

四、最愧疚的人

我从来没有因为工作委屈而哭过，只有想起我父母的时候，我会愧疚，可能会流泪。我常年出差，基本顾不上家里，但是我父母特别支持我的工作，他们都70多岁了，都是老党员。我父亲经常会提醒我不要犯错误，比如我晚上宴请，我父亲就会说"你千万不要花公家的钱"。有一年父母刚好到我出差的地方旅游，我说我不能陪你们，你们那么大年纪了，我给你们派辆车，油钱什么的咱都自己出，这也不算什么事。但是父母坚决不让，最后他们坐公交大巴去了景点。我自己做得正，就可以去要求别人。

你是领导,别人都看着你是怎么说的,怎么做的,都是透明的。领导必须以身作则。

从这四段自述中,我们看到的现实问题是,人的精力是有限的。当女性决心发挥更多社会影响力,体现自己更多的社会价值的时候,就不得不在精力和时间上进行不断的调整和再分配,以期将事业与家庭进行平衡。或者与其他家庭成员,如丈夫、子女、父母进行家庭管理的重新布局。每个人都期待一个幸福美满的家庭,但家人的健康、平安,子女的教育、成长,都需要时间和精力进行悉心关注与呵护。女性干部要在追求事业成就的同时,兼顾家庭需要、履行好家庭角色,没有捷径,也没有所谓的"标准答案"。

此外,女性干部还要记得问自己,如果陷入家庭与事业两手都要抓、两手都要硬的境地,是否又陷入另一种女强人枷锁呢?进化心理学理论认为,在漫长的进化过程中,女性与男性发展出了不同的心理机制,比如女性比男性更容易焦虑,男性比女性更容易具有攻击性。因而男性可能更不愿意自己的优势领域被女性(包括其他男性)所占据,而女性更容易逼迫自己尽善尽美,将天性中对安全的渴望变成焦虑的完美主义无限延展下去。

平衡不等于两全其美,更不等于尽善尽美。平衡是动态的过程,家庭之中的平衡关键是感恩之心。除了关键时刻的助力和可以量化的付出之外,家庭成员彼此的包容和主动担负的责任更值得感恩。心存感恩使我们更愿意主动付出,而付出、付出、再付出,并且感到满足,就是所谓的"平衡"。

女性干部心语：如何能让大家都满意

一、多忙别犯懒，在学习上立足一个"勤"字

向老同志学习，学习他们的真知灼见、经验体会，让自己少走弯路、少碰钉子、少栽跟头。因为年轻人不缺知识、激情、热情、体力、精力，但缺的是经验、经历、阅历，所以年轻人要勤学。

二、多难别犯怵，在责任上坚守一个"担"字

首先，"难事不躲"。遇到事情不推脱、不犹豫，不怕事、不捂事、能担事是一种责任、一种境界、一种修养。

其次，"横人不怕"。

最后，"维护下属威信"。

三、多狠别让步，在原则上抱定一个"守"字

首先，坚持自我不迷失。在平谷镇当副书记时刚二十几岁，一开始没人当回事。我主动找那些爱无事生非的同志座谈，很快扭转了局面并成为好同事。

其次，坚持真理不退缩。在区卫生局工作时，遇到了一个"医闹"，因为护士没有答应他们的无理要求被打伤，打人者是个有影响力的村支部书记。区委书记询问情况，我坚持这是无理"医闹"，不能放任不管。最后打人者被刑拘，赔偿理疗费。但这次也得罪了镇、村干部，好多年才缓解。不过，至今我还认为坚持没错。

最后，一定要坚持独立自尊。

四、多急别犯晕，在方法上追求一个"巧"字

首先，会示弱。示弱不是软弱，是一个度的把握，是技巧和方法，对对方也是一种尊重。

其次，会借力。区文联所属作协换届的时候，一位作协老领导由于对当选有期望值，搞非组织活动。我从外围入手，找到了一个群众工作经验丰富的处级干部，她跟这个人又是亲戚，结果问题很快平息。

最后，要顺势。也就是采取排除法、激将法、优选法促进工作。我任南独乐河镇党委书记时，需要调整包村干部。组织委员擅长做老乡的工作，我想安排他到最乱的村去。我找他问谁去这个村合适，经过优选排除，他最后说："得了，不就是让我去吗？您就直说吧！"愉快上任，干得不错。

五、多痛别作假，在做人上铭记一个"真"字

首先，真心对待工作。在卫生局牵头创卫工作的时候，为了保障协调有力，我建议领导把政府办排位放在前面，当时的办公室领导对此有些看法，但后来他理解了这样安排的用意，合作非常融洽。

其次，真心对待同事。我在团区委任书记时，接到手的是开会都吵成一锅粥的班子。我上任后真心和他们交心，注重发挥长处，弥合矛盾，使得班子很团结，转岗后在各自的岗位上也很有作为。

最后，真心对待下属。用人格魅力，带动、影响和促进工作的开展，下属遇到问题和难题，设身处地想方设法帮助解决，使得他们全身心投入工作，形成了良好的工作氛围。

六、多累别不顾家，在家庭上铭刻一个"爱"字

我不太赞成"女强人"的说法和做法，女人就要多些女人味。

首先,给丈夫多一些在乎。丈夫是家里的顶梁柱,我平时只要没有公务活动下班就回家,跟丈夫一起体会家庭生活的乐趣。

其次,给孩子多些疼爱。我家里有个女儿,平时我有意识地给她树立好榜样,也努力给她当好一个称职的玩伴。

最后,给家人多一些关心。我公公早年去世,我们给婆婆在县城买了房,方便经常探望。我父母也年事已高,丈夫也很孝敬我父母,整个家庭充满美满温馨。

 扩展阅读

新冠肺炎疫情期间的职场妈妈

如果说处在婚育阶段的女性遭遇了更多来自职场的排挤,那么职场妈妈面对的则是精力上的分配问题。2020年新冠肺炎的突然袭击让不少职场人体验了远程办公,直观来看,职场妈妈拥有了更多时间陪伴孩子。但调研结果显示,远程办公让40.63%的职场妈妈认为比平时更加忙碌,46.05%的职场妈妈认为工作效率提升,37.92%的职场妈妈认为远程办公更方便照顾家庭。而职场爸爸对远程办公这一模式则更多认为容易出现团队协作不方便、考验自律性等问题。

对于复工后谁来照顾孩子这一问题,爸爸妈妈也各有偏好。职场妈妈更倾向于让长辈或亲人帮忙带娃,占比76.78%,有52.68%的职场爸爸也做了这一安排;另外还有41.28%的职场爸爸选择让妈妈照顾孩子,这意味着职场爸爸更倾向于将带娃的负担转嫁给妈妈。然而随着越来越多的女性在

职场中也在奋力拼搏，这势必让职场妈妈更加难以顾全和平衡工作与家庭。

在工作和家庭的平衡方面，61.48%的职场妈妈认为可以平衡好家庭和工作，选择这个选项的职场爸爸占比63.73%；更多的职场爸爸选择"更看重工作"，更多的职场妈妈选择"更看重家庭"，但两者的占比差距在5%以内。此外，在考量爸爸在育儿过程中的表现时，职场妈妈的评价与职场爸爸的认知也存在偏差，爸爸普遍自我感觉良好，而妈妈更多认为职场爸爸基本没有承担家务、照顾小孩，让自己的家庭负担更重。

现如今的职场妈妈已经不再与家庭主妇画等号，虽然养娃让她们在工作和家庭中不断被"撕裂"，但她们依然没有放弃自我实现之路。在生育期，许多人认为女性应该淡出职场向家庭倾斜，但61.87%的职场妈妈认为在生育期女性应该在"身体条件允许下尽量保持工作量和学习力以求晋升发展"，也就是说女性自己选择两难兼顾，不会因为婚育而失去自我的价值。而职场爸爸中却有46.46%的受访者认为女性在生育期应该"清闲一点，方便安心怀孕和照顾孩子"，他们想当然地认为女性应该为养娃作出事业上的牺牲。

节选自由智联招聘与宝宝树联合发布的《2020中国女性职场现状调查报告》

思考小结

女性干部的原则与分寸

　　无论在工作领域还是生活领域，人际关系建构与维护的核心都是个人原则。个人原则是长期高质量关系的基础，在个人原则基础上，人际交往行为才具有一致性与稳定性，人与人之间才有亲近的距离和安全的界限。关系越复杂、平衡越困难，越需要有明确的个人原则，并适度掌握分寸。请您根据个人经验对自己的个人原则进行总结并评估它们的有效性。

第九章

女性干部的价值追求与引领作用

　　价值是一种主观的判断，价值体现为坚持。女性干部在职业发展中既要看到工作与岗位的价值，也要看到自身的价值，并将之最大化，吸引、带领更多同路者前行。

第一节　女性干部的职业价值

一、女性的社会价值

随着社会结构的改变,女性逐渐获得受教育机会和工作机会,并在更宽广的社会舞台展现自己的价值。这既是女性自我发展的需求,也是社会发展的需求。当今社会需要女性撑起"半边天",女性也有意愿和能力作出自己的贡献。现代女性的社会价值一方面表现为职业胜任力,虽然女性与男性有很多差异,但是随着科学技术的发展和职业分工精细化,女性具有与男性在所有行业和绝大多数岗位共同参与工作、创造劳动价值的素质和能力。另一方面表现为社会黏合力,女性在社会关系网络中起着支撑和联结的重要作用。"男女搭配,干活不累"这一带有古老智慧的总结,因女性社会价值的多元化而有了无限丰富的内涵。

然而女性在赢得社会价值最大化的过程中仍面临着巨大的阻力。在秉持男女平等基本原则的很多工作领域、协作情境中,女性仍然被"默认"设定为"补充""调节"的角色。这既是对女性一些个性优势的认可,也是对女性潜能发掘的一种无形限制。此外,女性对自己人生目标、发展路径虽然拥有了选择权,但是仍然面临远多于男性的社会评议，如对所谓"女强人""剩女"等的关注和热议，折射出社会文化对于当今女性社会价值的多元认知，这是一种进步，伴随着如影随形的压力。

二、职业在女性成长中的作用

1. 女性的自我认知

一项针对工作群体的线上调查发现，如果用三个形容词描述对女性这个群体的总体认知，男性选择最多的形容词是"温柔""美丽""伟大"，女性选择最多的形容词是"温柔""独立""伟大"。可见在男性的世界里，对女性的认知停留在性格、外貌，并强调奉献；在女性的世界里，温柔依然被看作女性天然的性格属性，而"独立"取代了"美丽"成为现代女性对自己的普遍认知。在衡量成功女性需要具备的素质时，职场女性选择的前三个要素分别是"经济和思想上的独立自主""在其所处的领域有一定成就""拥有受人尊敬的人格魅力"，男性的选项一样，但顺序刚好相反。在男性视角中，女性成功的要素依次是讨喜、成绩的佐证、独立的人格，而女性依然认为独立才是成功的表现。

独立包括物质独立和精神独立两个维度，现代女性因职业能力而获得物质独立的基础，因职业经历而获得精神独立的补养。女性的独立不在于外在生活形式，而在于对自己人生的思考。任何一个人，完成学业，在职场中崭露头角，都不断伴随着对未来的思考。有些人对自己要成为一个什么样的人非常清晰，而有些人则需要一些时间或者更广阔的视野才能进行未来的预判。人们通常用"梯子"来比喻发展历程，但是有学者认为，在职业发展的过程中，即便始终在一个领域，"梯子"也不完全适用于描述这个过程。最形象的比喻是"方格架"，和僵直的梯子相比，女性若能够走出一条时上时下、迂回曲折甚至偶尔会误入死胡同的独特路线，才会为自我实现提供更好的机会。每一个方格中的痕迹，都是职业女性不断自我探索、完善自我认知的励志故事。

2. 女性的职业获得感

获得感是一种主观评判，是一种目标达成的心理满足状态。获得与付出相对应，有付出才能体验到获得感，因此工作本身就可以带来一定程度的获得感。职业女性通过工作获得经济报酬、人际支持、社会尊重等，也获得工作技能提升和自我肯定。女性干部的职业获得感主要来自经济报酬、社会尊重和自我成长。经济报酬是女性实现物质独立的重要保障，社会尊重体现了女性在家庭之外的地位和价值，自我成长是女性不断发掘个人潜能的过程。总体而言，工作岗位和工作经历给予了女性更加自信的力量。

承担领导职务的女性干部可能体验到更多职业获得感。在对女性领导干部的访谈中发现，女性领导者在自我陈述与总结中谈到的职业获得感（包括满足感、成就感、幸福感）随着领导职级的提升而增多。特别是中高层女性领导干部，常常谈及薪酬之外的工作意义与社会价值。比如，某直辖市的一位女区长认为，自己现在的工作比较宏观，同时又要特别踏实细致，需要对自己区域内的方方面面都非常清楚，才能做出合适的决策，通过制定政策法规、协调调动生产要素，让一个地区更好地发展，让群众生活水平提高,自己就有更强的获得感。另一位国有企业女领导则坦言,当了这么多年领导,之前一直是注重直接的经济效益,但是当了集团副总之后,就感觉有了社会责任,跟这个责任相伴随而来的,是获得感。

综上可见,职业经历、职业体验以及由此产生的职业获得感,是女性有力的、丰富的、源源不断的滋养力量,支撑女性不断突破自我局限,最大程度发掘自我潜能,在生活演进历程中施展才智,在社会发展大潮中贡献力量。

第二节 女性干部的榜样作用

一、女性干部在工作领域的榜样作用

1. 女性干部为女性群体做出榜样

人们在选择榜样和参照目标时,更愿意选择与自己接近、相似的对象。女性干部在工作中是所有女性的榜样和参照系,既包括本单位、本领域的女性同事,也包括外单位、其他社会环境中的职业女性,还包括因种种原因没有参加工作、离开职场的女性。女性干部因自己的素质和能力,于一言一行、一点一滴中展现出来的先进思想、优秀品格、高效行动,成为其他女性尊敬、

欣赏、学习的对象和目标。从这个意义上讲，女性干部是女性群体的代言人，这是光荣，更是责任。

女性干部是进步的榜样。人无完人，每一个女性干部都有自己的优势和局限，有自己的特点和个性，这就要求女性干部在工作和生活中时常进行自我反思和磨砺锻炼，敦促自己不断进步。热爱学习的女性干部是他人的精神伙伴，勤奋工作的女性干部是他人的业务标杆，勇于创新的女性干部为他人打开思路。不同年龄、不同身份的女性都可以在优秀的女性干部身上看到自我提升的可能性，学到进步的方法。

女性干部也是负责的榜样。女性干部在工作中不娇不弱，与男性同事一样担当重任，一同承担风险，是值得信赖的领导、同事、下属，也是乐于沟通的合作伙伴。女性干部的善良、执着、坚忍，使其成为工作团队中不可或缺的中坚力量，同时也在不知不觉中成为女性的道德和行为榜样。当前社会文化中对女性的定位和期望呈现多元化、高标准的特点，这时候女性干部，特别是女性领导者的榜样作用，可以帮助更多女性走出迷茫，走上更加坚定的进步道路。

2. 职业女性为全人类做出榜样——以珍妮·古道尔为例

珍妮·古道尔是英国著名动物学家，她研究黑猩猩多年，被英国媒体冠以"奔走的特蕾莎修女"之称。2013年，美国《国家地理》为庆祝创刊125周年，精选了创刊以来的10张经典图片，其中有一张照片格外引人注目：照片上，身材纤细的珍妮·古道尔女士半蹲在地上，满怀慈爱地伸出右手，触摸一只幼年的黑猩猩，小黑猩猩的眼神中有羞怯、欣喜和满满的信任，令人动容！

1960年，26岁的珍妮用当女招待和秘书积攒下来的钱，启程去了非洲的肯尼亚。在著名猿人类考古学家路易斯·里基的指导下，没受过任何专业训练的她带着无比的勇气前往坦桑尼亚观察野生黑猩猩群。为求得黑猩猩们的认同，珍妮力求保持和它们一致的生活习性：她在林中露宿；吃黑猩猩吃的果子；像黑猩猩一样爬树，在林间行动；把自己想象成一只母猩猩，模仿黑猩猩的叫声和动作，小心翼翼、一点一点地靠近猩猩群，并最终赢得了它们的信任。珍妮在长年野外观察和研究中发现：黑猩猩像人类一样，能够制造和使用工具；黑猩猩是杂食而不是之前所公认的素食性动物；黑猩猩注重联络感情，它们久别重逢的场面酷似人类，不乏搂抱、握手的亲热之举……

珍妮·古道尔的极高声望不仅仅来自这些研究成果，更令人称道的是她对动物保护和环保事业坚持不懈的努力和付出。她曾说过："我可以为拯救森林和黑猩猩牺牲自己，可是如果我们的下一代无法胜任这个工作，那么我们的努力都毫无用处。"基于此，她于1986年恋恋不舍地结束了自己的野外生物学家生涯，开始奔走于世界各地，宣传自然、动物保护。每年至少有300天，珍妮都奔波在演讲的路上。她对此有个生动的比喻："飞机就是我的家。"1991年，珍妮在东非成立了全球范围的青少年教育计划："根与芽"环保组织，推进本地人对动物、人类社区和环境问题的关注。时至今日，"根与芽"已在50多个国家注册，拥有1000多个团体。从学龄前儿童到大学生都在珍妮的宣传和感召下与大自然成为亲密的朋友。珍妮·古道尔曾说："我的确相信我们可以希望我们的后代以及我们后代的后代能生活在一个和平的世界上。那里仍将有绿色树木，有黑猩猩出没其间，仍将有蔚蓝的天空，有小鸟在歌唱。"

清代学者陈澹然说："自古不谋万世者，不足谋一时；不谋全局者，不足谋一域。"《钱氏家训》中也规劝后人："利在一时固谋也，利在万世者更谋之。"放眼中国到全世界，越来越多的卓越女性已经开始站在最有影响力的位置，为更多人谋福祉，为改变世界作贡献。这注定是一条千锤百炼的凤凰涅槃之路，不仅是内心的磨炼，更是意志力的考验。但最终被人民和历史所选择的，一定是有着远大的理想和广阔胸襟的人。

二、女性干部在家庭环境中的引领作用

1. 家庭环境在个人成长中的作用

奥地利著名心理学家阿德勒提出，每个儿童形成的生活风格主要取决于儿童生活的环境和条件，特别是家庭环境。近年来学术界和社会上流行"原生家庭""核心家庭"等概念，都强调了父亲、母亲、直系血亲所组成的家庭环境对个人发展的长期影响。家庭环境因素通常包括家庭成员组成、父母职业、父母受教育水平、家庭社会经济地位、父母教养方式、亲子依恋关系、家庭功能（沟通、支持、亲密等）、夫妻关系等。这些因素综合反映出家庭环境为一个人塑造的微观世界和社会缩影，是一个人世界观、人生观、价值观形成的重要基础。

2. 家庭中的女性领导者

在家庭中，女性往往是领导者，无论在工作和其他社会领域

扮演何种角色，女性在家庭中都必须承担起领导职责。这个领导职责包括在家庭成员之间倡导共同价值、引导共同理念、设计共同目标、凝聚共同情感、链接共同需求、开发共同爱好、培养共同习惯等，这些职责原则上需要由夫妻二人共同承担，而在实际生活中，很多时候是由女性（母亲和妻子）承担了大部分，女性一方面需要为此付出大量精力和劳动，另一方面也需要具备处理好这些事务的能力。

传统价值观中"相夫教子"的优秀女性，其实也是优秀的家庭领导者。一位女性干部通过自己家庭的故事讲述了"母亲"的领导力："我闺女高中时就是班长，老师总是让她干这个干那个，她跟别人不说，回到家就跟我抱怨。我跟她说，作为班长，你是老师的助手，所以你应该多帮助同学。你因为自信，有能力，所以为集体、为别人付出多一点，没什么委屈。妈妈走到今天回头看，吃亏是福，你现在不理解，你就慢慢把它当成习惯。这也是我母亲教育我的，我母亲不懂大道理，但是她很善良，小时候家里来了亲戚，那时候还穷，但是她总是把家里所有的好吃的都拿出来，这就是家教。"

家是最小国，国是最大家。团结、带领好每一个家庭，让每一个家庭成员都感受到幸福，自然就能形成自尊自信、理性平和的社会心态。

女性干部心语：家庭对个人成长的影响

一、给集体干活好

我的家庭是一个普通人家，父母都在商业系统工作。我家有五个孩子，我爸从没有骂过我们。我妈是一个老劳模，干什么都身先士卒，那时候商场卸麻袋，她一个女同志就敢上去跟男同事一样干。我记得小时候的一件事，一天，轮到我给班里烧炉子，我穿了一件白色的褂子，干活的时候没想那么多，抱着煤就去了学校，干完活白褂子都黑了。我母亲平时很严厉，我都想好了怎么应对她的责骂，但是那天回家之后我妈问我弄脏褂子的原因，我说是给班集体干活弄脏了，她就一句话都没说。这件事给我印象特别深，知道了如果我给班集体干活，我妈就会更包容、更支持我。我想她这个无意识的引导，对我当时以及后来整个人的影响是非常大的。

二、不能占别人便宜

我父母是军人，属于文职，算中层领导吧。有一个关于金戒指的小故事，我印象很深。记得有一次我回家，我父亲拿回来三个金戒指，父母一向不是喜欢这些东西的人，我父亲说，这是别人给的，他刚开始不知道，打开看到之后就一直想还给人家，结果人家坐火车走了。他就跑到菜百去把价格看好之后，把钱给人家寄过去了。这件事对我思想意识的影响很大，但是当时没有和共产党员联系起来。我母亲是一名普通的共产党员，父亲是一个党员领导干部，党员必须廉洁自律。这对我来说就是关于党性的启蒙教育。

三、美好生活需要奋斗和奉献

母亲是一个农村妇女，一个普通的农民家庭的女儿。我母亲家里有四个女儿，她是最小的，那时候在她的家庭条件下想读书、农村女孩想出来是非常不容易的。但是她竟然从河北的一个技校考到北京，是当时整个村里唯一一个进北京上学的女孩。后来她跟我父亲结婚之后，就在家里当了家庭妇女，担当起了家里所有的事情。

我知道她其实挺不甘心，后来也有机会去上班，但是当时家里的负担特别重，我父亲又是个劳模，基本顾不上家里，照料老人和我们兄弟姐妹几个都是我母亲在操劳。在我的印象中，除了生病之外，好像没有见到过母亲躺在床上的样子，一直到现在年岁已高，她也不愿意躺着，实在没事干还给我们一大家子人织围巾。从我母亲身上，我学到了勤劳、责任感以及不畏惧困难等优良品质。

> **思考小结**
>
> ### 如何评判一个女性干部的价值
>
> 女性干部的价值是多维的，在不同的社会生活和工作领域，不同特点的女性干部都能创造、展现自己的价值，不应该仅凭工作是否优秀、家庭是否美满来简单评判。女性干部要对自己的人生目标、家庭价值、社会价值做出独立的评判。

第四部分

基层的女性干部

尽管面临各种现实的不便和困难，仍然有大量的女性干部深入基层、扎根基层，并在直接面对矛盾和诉求的基层工作中发光发热。基层工作需要女性干部，女性干部也可以胜任基层工作并履行领导职责。基层工作经历是女性干部综合素质与领导力提升的加速器。

第十章

基层工作中的女性角色

基层工作虽然琐碎却不能粗糙,女性干部虽然温柔却不失坚韧。女性干部在基层工作中不是配角,而是坚定的执行者、聪慧的引领者、勇敢的开拓者。

第一节　基层工作需要女性干部

一、基层岗位职能

理解基层工作，首先要理解基层岗位职能与责任。基层是一个相对的概念，比如相对于国家部委和省级机关，各市、县、乡的对应职能部门都属于基层单位。很多时候人们在工作中把处于一线的、底层的组织统称为基层，基层干部、基层工作人员就是直接从事生产、服务和管理的人员。

顾名思义，基层就是一切管理体制、人员结构的基础，就像身体中的毛细血管和神经末梢一样，应该且必须是最广泛、最坚实、最有活力、最顽强的组织形态。相应地，基层岗位的工作任务可能最简单，也可能最繁杂；既可能风吹日晒，也可能又脏又累；而承担相关岗位工作的基层干部，则是最多样、最勤劳、最有智慧的劳动者。不同级别、不同性质的基层单位，对下设基层岗位的职能有不同的要求，比如乡镇干部和自来水公司一线职工的岗位要求肯定不同，但是综合来看，以下几个职能是基层岗位共有的：

1. 执行

基层工作最主要的职能是执行上一级组织的要求和任务,通过本岗位的具体工作,使上一级的意图和目标得以实现。

2. 沟通

基层工作离不开沟通,包括与上级的沟通和与工作对象的沟通。基层干部需要在有效沟通并正确理解上级要求和目标的基础上,计划实施本职工作。主动的、充分的沟通也是满足工作对象需求的前提和手段。

3. 协调

基层工作不是"应然"的工作,而是"实然"的工作,经常会面临变化和特殊情况,需要进行协调以达成协作或谅解。

4. 监控

基层工作也是一线工作,需要对工作质量、工作流程进行严格的规范化管理,及时查漏补缺,在工作中尽早发现问题、处理问题,也是基层岗位工作的重要职责。

由于基层工作直接面对工作条件的各种变化和工作对象的各种诉求,因此基层干部需要具备认真负责的工作态度、诚信包容的工作风格、"接地气"的工作方法,以及一定的学习能力和创新能力,才能履行好上述四个基本岗位职能。

二、女性干部在基层工作中的重要作用

根据全国妇联、各省市妇联公布的2018年全国"三八红旗手"信息，在我们搜集到有效资料的282名全国"三八红旗手"中，政府工作人员64人，占总人数22%；国有企业职工57人，占总人数20%；民营企业、个体经营业者41人，占总人数14%；教师、科研工作者27人，占比9%；农牧业从业者13人，占比5%；医药行业从业者14人，占比5%；司法军事类工作者32人，占比11%；传媒艺术等领域从业者16人，占比6%；社会组织工作者18人，占比6%。这些优秀女性当中，除少数专业技术骨干外，绝大多数拥有基层工作经历，从基层逐步走上更高领导岗位，其中28人正在担任乡镇、街道、社区、村一级的领导工作。

由此可见，女性干部在方方面面的基层工作中，都表现出了优异的工作能力，发挥了巨大的带动作用。特别是在基层社会管理、公共服务以及农村地区生产服务等工作领域，常常可以见到女性干部热情的面孔和忙碌的身影。众多女性干部积极参与到服务、互助、自助等形式的社会组织中，为基层社会的人际链接、经济发展、社会稳定作出了突出的贡献。

第二节 基层女性干部的工作特点

一、基层女性干部的工作环境

从客观物质条件,包括办公环境、办公设备、配套物质资源来看,基层组织的工作条件总体上是有限的,而且不同类型的基层组织对物质基础的需求不同,同类基层组织有相近需求但是满足需求的能力又有不同,比如,同样是社区,商品房社区、老旧小区、单位大院、回迁社区等在外部环境景观、内部配套、社会组织资源等方面有明显的差别,因此同样的工作要求在不同街道、社区的推行难度和难点可能不尽相同。在多数情况下,基层干部需要通过多方协调和努力,才能有效推进上级任务落实。再比如,基层职能部门和生产、销售等一线工作环境,工作条件往往不如中高层部门优越,甚至因处于职级底层或受整体工作环境限制,而只能拥有较为狭小的办公空间、不充裕的办公用品等。在组织管理中,优美舒适的办公环境常被作为一种福利或激励,较差的办公环境会影响基层干部的自我认知。心态积极的基层干部在这样的环境中会更加踏实勤勉、实事求是,也有些干部会把改变自身工作环境作为奋斗目标之一。

从人文环境来看，基层干部在工作中直接与居民百姓以及各行各业的一线工作人员接触，有更多机会观察体味社会百态，同时也经历人性检验。这样的工作环境相对复杂，主要体现为：接触人员类型广泛、处理问题多样、心态与事态多变、利益与情感交织。这就要求基层干部在工作中必须"接地气"，避免以己度人的"想当然"，了解总体目标、总体要求体现到具体领域、具体人和事的时候呈现出来的弱项、短板、差距和局限，同时也看到并抓住希望、努力、进步和空间。

此外，女性干部在基层工作中还需要克服一些环境因素与性别因素共同带来的困难，比如，在防汛抗洪工作期间遭遇生理期，孕产期间遇到重要任务无法足额休假，在解决冲突矛盾时因女性柔弱的形象而受到轻视甚至羞辱、恐吓……这些困难女性干部需要克服，并通过经验和智慧找到折中、平衡的方法。再比如，因经常在田间地头、村尾巷陌走访，很多天性爱美的女性干部为了工作方便，剪成了干练短发，换上了轻便长裤，这些也是女性干部为了适应基层工作环境而做出的努力和付出。

二、基层女性干部的工作挑战

1. 工作对象无定性

基层工作本身的特点之一就是有机会、有责任接触各行各业的人，基层女性干部的工作岗位覆盖了基层工作的方方面面，特别是窗口岗位、服务岗位的女性干部居多，需要面对不同类型、不同特点、不同需求的人。这些干部有时感到工作压力很大，并不是由于工作难度大,而是需要付出大量的情绪劳动而感到疲惫。

2. 工作时间无定时

每当有重大事件、紧急任务、群体事件、恶劣天气导致的灾难性事件等情况出现,基层干部几乎全员立即停休,进入连轴转的工作状态。甚至在有些基础条件较差、历史遗留问题较多的地区,"5+2""白+黑"已经成为基层干部的工作常态。这使得基层干部在履行家庭职责和关爱个人身心健康方面遇到很大困难。

3. 工作任务无边界

基层工作任务繁杂,常有临时性工作,同时编制、岗位相对较少,基层干部在工作中需要掌握多种技能,学习各方面业务知识,适应临时性借调,兼任多职等。

4. 工作资源无定数

基层是金字塔科层结构的最底层,信息和资源不足、任务非制度化、组织激励不足是基层工作的三个主要困境。基层工作资源的匮乏,一方面是相对于工作对象/工作任务的需求,在有限的资源和政策空间中无法满足多方面的要求;另一方面是相对于中层和高层组织,基层的触角最远、工作网最密,但是原本就有限的资源经过层层截流、耗损,到基层更加捉襟见肘,这也是基层干部必须面对的工作现实。

三、基层女性干部的能力提升

很多基层干部在工作中感到自己"心没少操，劲没少费，可群众总是不满意"。究其原因主要是缺少科学的思想方法指导，找不准工作的切入点，抓不住工作的重点，总体来说就是能力仍需提高。

一要提升服务能力。基层干部是服务型领导，面向群众提供公共服务，依靠群众谋划发展大计，动员群众推动地方发展，组织群众处理内部纠纷，防范化解社会矛盾。基层干部干的是最有生命力的事业，也是大有作为的事业。在基层，面对群众的衣、食、住、行、生、老、病、养等，要从小事做起、从细节做起，实施好一项项民生工程，为群众造福谋利，帮群众排忧解难，让群众当家做主。

二要提升创新能力。当下社会主体多元化，就业结构、利益结构多元化，矛盾冲突引起的原因、表现的方式多样化。基层党委政府和各类基层组织以及基层干部要做开拓性领导，学会从多个角度，运用多种方式来解决问题。例如，毛泽东主席和习近平总书记均曾号召各地方学习发展"枫桥经验"，"发动和依靠群众，坚持矛盾不上交，就地解决"。如今随着治理体系和治理能力现代化进程的推进，各基层政府和组织拥有了越来越完备的法律法规指导，越来越丰富的管理理论经验和科技辅助技术，需要领导干部在不断学习的基础上勇于创新，综合运用自治、法治、德治、心治、智治等多种方式，实现有效治理。

三要提升矛盾化解能力。新时期群众的物质文化生活需求水平提高了，法律意识和民主意识增强了，但也有部分市民、村民道德滑坡、行为失范。面对复杂的矛盾和成堆的难题，处理不好必然影响一方发展和稳定。化解矛盾纠纷、防止矛盾激化，既要坚持原则、按政策法规办事，又要根据具体情况灵活处理。既不能酒杯一端，政策放宽；也不能一成不变，墨守成规。基层工作点多线长面宽，总有做不完的事。基层干部一年到头苦撑苦熬，但收入低微，升迁渺茫，更常见的是受气挨骂，成为被丑化、挖苦和讥讽的对象。因此，基层干部也要善于自我疗伤，修复自己的心态。

扩展阅读

基层"一把手"的心理压力和情绪劳动

一、心理压力：一听到"属地"就想哭

在访谈中，一位直辖市乡镇书记讲道，自己特别怕听一个词——"属地"，"一听到这个词，内心就百感交集，有时甚至想掉眼泪"。这个词就像一个魔咒，紧张、焦虑、沉重，有时还有委屈，"属地"就像一个筐，满溢着上上下下、方方面面的责任与期望，可它终究不是百宝箱。

面对有限的人力与无限的任务、有限的权力与无限的责任、有限的发展水平与无限的美好期望，以县乡书记为代表的基层"一把手"长期处于超负荷工作状态。身心疲惫、焦虑抑郁、烦躁易怒、失眠健忘，成为这个群体的常见症状，这是心理压力水平超出个人承受能力的表现。

根据调查与研究结果，基层"一把手"的心理压力主要来源于以下四个方面：

第一，"一把手"的使命与责任。一个地区的稳定与发展是党委书记最大的责任，党的领导能否在基层落实，上级的方针政策能否在基层落地，人民群众能否体验到获得感、幸福感、安全感，都是"一把手"时刻挂在心上的问题，也是时刻扛在肩上的压力。从这个角度讲，越是有责任感的"一把手"，心里承受的压力越大，越需要有一颗"大心脏"。

第二，干部的本领恐慌。当前，社会发展中的很多实际问题错综复杂。将法治、科学、民主的理念和方法运用到基层治理实践中，是每一个基层领导干部适应时代发展、胜任岗位的需要。作为一个地区党委政府的主官，"一把手"在党性修养、个人素养和执政能力方面，都需要不断地锤炼与提升。因本领恐慌而引起的焦虑感，可以转化为领导干部不断进步的动力，但如果转化不好，也会成为部分领导干部难以承受的压力。

第三，问责风险与追责压力。一方面，基层政府直接面对老百姓的切身利益和各种社会矛盾，一些长期积累的问题在短期内触发，基层干部面临着较大压力，特别是安监、城管、环保、信访等方面；另一方面，很多基层政府现有的人员素质和配置，难以满足基层治理精细化、专业化的要求，资源整合与干部队伍素质提升是基层"一把手"经常面临的两大难题。

第四，对家庭的亏欠与负疚。地区"一把手"的使命和职责，以及基层工作的特点，决定了他们不可避免地进入"5+2""白加黑"、手机24小时待命的工作模式。以北京为例，调查发现95%的乡镇书记平均每周至少加班一天，92%的乡镇书记在子女教育问题上感觉到欠缺和对家人愧疚。

二、情绪劳动：阳光心态的带动者

"情商高"被认为是基层"一把手"的特点之一。从心理学角度讲，情商是感知、理解、调节、激发自己和他人情绪的能力，这种能力是一个人进行沟通、协调以及领导工作的基本保障。

为了更准确地感知和理解他人的情绪反应，更好地调节和激发自己以及他人的情绪状态，需要付出非常大的脑力和体力劳动，这些劳动统称为情绪劳动。情绪劳动与传统认识中的体力劳动、脑力劳动一样，是个人资源的一种付出，如果情绪劳动没有得到预期的良好反馈，我们就会感到压力，产生耗损感、倦怠感。

基层"一把手"不仅是党委班子带头人，也是整个政府机关，甚至整个地区的带头人。作为"一把手"，无论遇到怎样的压力和挑战，工作时间里都必须尽力控制好自己的情绪，把积极、阳光、充满干劲与信心的情绪传递给下属。

不仅如此，很多"一把手"还是业余的"心理辅导师"，如果下属有负面情绪、负面认知反映到书记面前，书记就要做好下属的思想工作、安抚好下属的情绪。所以，"一把手"所做的抓班子、带队伍、聚人心的工作，都需要付出大量的情绪劳动。

这些肩负重任的业余"心理辅导师"，本身更需要心理支持和关怀。一方面，可以通过知识普及和专业辅导，帮助基层"一把手"科学认识个人健康状态、寻找解决问题的方法；另一方面，通过内外兼修、多管齐下的方式建立抗压机制。

作者曾荣，原文发表于《决策》2018年第6期

节选自《基层一把手更需要"心理医生"》

思考小结

写在脸上的基层经历

近年来,干部的选用十分注重基层经历,一个人的基层工作经历不仅体现在履历中,更表露在气质与行为风格上。请为自己(如果您有基层工作经历)或熟悉的有基层工作经历的一位同事画一幅简单的画像,想一想外表、言行中的哪些特征、习惯是基层工作刻下的烙印?在哪些时刻您发现这些辛苦的历程是重要的财富?

第十一章
基层工作对女性干部成长的意义

　　基层环境中不只有困难，更有力量；不只有汗水，更有思考。基层工作岗位为女性干部提供了发挥自身优势的舞台和发掘自身潜能的平台，女性干部在基层工作实践中体验影响、引领他人的艺术。

第一节　基层环境对干部人格的塑造

艰难困苦，玉汝于成，人格的塑造需要经过锻炼。每个人天生有不同的个性倾向，经过环境的润泽与磨砺，逐渐形成稳定的人格特征和外显的行事风格。一个人的人格特征在幼年显露，成年初步形成，之后往往是在挫折与困境之中继续锻造。基层环境的重重挑战，是干部在成年之后再次打磨、升华个人内在素养的重要契机。

一、理想与情怀

1. 有理想，记初心

每个优秀干部都有理想，如果没有理想，就没有动力，就不可能在工作中成长起来。一个人年轻时候的理想可能很远大，可以激发人奋斗。真正经过工作磨砺之后，理想变得越来越贴近现实。有人说，恰恰是通过在基层脚踏实地的工作，为老百姓进行点点滴滴的服务，可以清楚地看到自己的局限，保持最基本、最朴素的初心，并努力提升自己的素质和能力。

2. 有情怀，担使命

基层干部要想把工作做好、做实，做出成就感和幸福感，必须要有情怀；反过来，优秀的、称职的、受人尊敬认可的基层干部，必然于一言一行之中体现出自己的情怀。著名投资家孙陶然先生在北京大学光华管理学院2017届毕业典礼上说：情怀是因，名利是果。"情怀就是远方，而非现在；是他人，而非自己；精神的，而非物质的。相对世俗而言，情怀似乎是没有用的东西，是非必需品。但是对于有情怀的人来讲，情怀可能是最重要的东西……我们很难想象一个公司的总裁会比一个普通的员工经济差，我们也很难想象一个业绩好的人会比业绩差的人经济状况差。所以，我们看到的世俗的很多东西，其实只是我们追求情怀的一种结果。"英国哲学家罗素在自传序言《我为什么而活》中说，"对爱情的渴望，对知识的追求，对人类苦难不可遏制的同情，是支配我一生的单纯而强烈的三种感情"。

二、创新与担当

习近平总书记指出，新征程上，不可能都是平坦的大道，我们将会面对许多重大挑战、重大风险、重大阻力、重大矛盾，领导干部必须有强烈的担当精神。领导干部不仅要有担当的宽肩膀，还得有成事的真本领。既要大胆讲政治，又要善于讲政治；既要矢志抓发展，又要善于抓发展；既要勇于抓改革，又要善于抓改革；既要敢于直面矛盾和问题，又要善于化解矛盾和问题；既要有想干事、真干事的自觉，又要有会干事、干成事的本领。

这段话道尽了基层领导干部的"完美个性",核心落在了"担当"上,既要有勇气,又要有智慧;既要有原则,又要有变通。在新的环境、新的时机、新的问题中担当,就必须有创新意识、创新思维、创新方法;在既有的格局中创新,就必须有担当的勇气、毅力和胸怀。

从个性与思维特点的角度来看,每个人都有创新能力,区别在于是否有创新意识和创新能力的大小。创新可以分为三个层次,最高层次的创新是发明创造、从无到有的开创性工作;中间层次是在既有基础上的革新以适应新的环境要求;最低层次的创新也可以称为日常创新,即在没有强制性外部要求的情况下,为了提高工作效率、效果而做出的微小改进。较高层次的创新需要个人天赋、努力与机遇,而最低层次的创新只需要创新意识,每个人都可以在自己的岗位上对自身工作进行改进创新。这种创新意识一方面缘于对工作的热爱,另一方面缘于对岗位职责的担当精神。担当负责的基层干部在日复一日的烦琐工作中摸索创新,真正的创新举措必将也必须来自基层的实践经验。

三、谦虚与乐观

有基层工作经历的领导干部有一个共性的、显性的特点——亲和力强,具体表现包括待人谦和、言语诚恳、乐观爽朗等。这些特点是长期在基层工作形成的人际交往习惯,更是通过无数次的工作实践升华而成的一种工作态度。一位曾在基层连队工作多年的女领导坦言:"我特别喜欢在基层连队待,喜欢那里生龙活虎的生活,比如队列训练,虽枯燥却能从中找到乐趣。那时候生活是真的苦，吃的也不好，但是我从来不诉苦，大家都不容易。我当了干部之后，带连队，喜欢抓业务，特别严格，但我们的精神状态是阳光向上的。基层连队的生活教给我一个道理，不管多苦，不管别人有什么样的运气机缘，只要扎实工作，就能获得大家的口碑。"

谦虚与乐观的深层表现是愿意主动为他人着想，主动帮助他人解决难题。一位在法院工作的女领导对此深有感触："我之前办案子的时候，有些机械办案，不管实际效果，我的名言就是'调不了'，因为我能判得出去，而且我也觉得我判得不会错，但是确实缺乏做调解工作的耐心。到基层之后，基层的群众教会我很多，这是一种慢慢的积累和沉淀。基层的群众到底需要什么样的司法？这是一直困扰我的一个很大的问题。在中国，80%的案件都要在基层完成，基层真正的定位是要替群众解决点儿纠纷，保障他们的合法权益，化解矛盾，我觉得这是我们基层法院法官应该尽的义务。在基层学会怎么去理解人，在法律实施过程中怎么去尊重人，平等地对待人——这是基层三十年的工作经历给我带来的启示。"

谦虚与乐观也是一种有效的基层工作方法。一位长期在高校工作的女领导有机会到基层从事宣传工作，自认为最大的付出和收获是学习做群众工作。刚到基层时，她很有情怀，想为老百姓做点儿事，但是屡次碰壁。于是她每个周末都到辖区的社区、村子里找人闲聊，逐渐找到了与群众沟通的方法。从手足无措到非常愿意接触老百姓，她总结的经验是：如果你坐在办公室里等老百姓来，你等到的一定是烦恼；如果你主动走到老百姓当中去，得到的多数意见是正常的，能给你信心、能量和智慧。

第二节　基层工作对干部能力的锻炼

一、细致的工作作风

基层工作都是琐事，却没有小事。每一件"小事"，都可能延展为组织的大事、他人的大事。有基层工作经历并逐渐走上更高领导岗位的干部大多具有工作细致、严谨、周全的作风，这也是长期自我要求、自我训练的结果。

比如，有一位女性干部在刚入职不久就看到一位办公室主任被撤职，导火索是桌面文件太多、太乱，上面下发的文件被随手扔在桌上忘记处理，耽误了一件重要的事导致失职。这件事对她产生了很大影响，她立刻找来十几个文件夹分门别类存放文件，又用便签纸贴在文件上标明日期便于查找，还专门给自己做了一本台账，记下每天接到的任务和实施完成情况。

二、务实的工作导向

科层管理体系中，各个层级的管理者都需要对上负责，而基层干部同时也必须对下负责。一位年轻有为的基层领导这样总结自己在基层进步的经验：不陪领导、陪上访，把底下的事处理好了，就是对上面负责。而要把基层各类群众的问题平衡好，就必须戒骄戒躁，塌下心来、扎下去，去了解、碰触实际问题。

基层工作最忌讳"卖炭翁"式的干部，"手把文书口称敕"，觉得自己按照上面的要求办事，下面就应该配合、支持，不应该挑毛病。实际上理直不一定也要气壮，这时候不能剑拔弩张地去争执，而要主动去理解对方的难处，寻找解决后顾之忧的办法。

三、有效的沟通方式

沟通是一项技术性工作。它包括信息发出者、信息传播形式、信息传播渠道、信息接收者、反馈五个主要环节，任何一个环节出现偏差、干扰、遗漏，都会导致人与人之间的沟通出现障碍，而实际上这五个环节出现问题的概率都非常高。因此从理论上讲，人际沟通不畅、误解甚至矛盾冲突都是常态，人际沟通的目的就是通过多种方式方法、反复操作，以实现信息的有效交流。

最有效的人际沟通方式是面对面交流，这也是基层工作最常采用的工作方式。基层干部都知道，再难的问题，多次主动上门沟通，即便不能彻底解决问题，至少可以缓解矛盾。基层沟通中最常说的是"为什么"，即向对方解释为什么要这样做，为什么会是这个结果，理由是什么，影响是什么，怎么应对。这不仅是说服的过程，也是调动积极性、形成凝聚力的过程。

四、时间管理与学习能力

上面千条线，下面一根针，基层干部，特别是基层领导干部，要会"弹钢琴"。能够一心多用的前提是，提高每一件事的处理效率，这需要对于各类事务都有一定的了解，并积极学习掌握规律。既要掌握事物发展变化的客观规律，又要了解不同事物轻重缓急的发展规律。基层干部在工作中常见的抱怨之一，就是"又做了无用功""白耽误功夫"。一些基层干部容易因工作琐碎而忽视理论学习和业务学习，结果是下了很多苦功夫应对老百姓的人情世故，而没有很好地运用新政策、新理念、新方法。不断学习是基层干部紧跟时代要求、提高工作效率的基础。

五、抗压能力

基层干部经常感慨工作压力大，特别是在基层承担一定领导职责的干部，神经经常处于紧张、待命状态，需要进行自我调节。很多基层干部在长期工作中逐渐摸索出适合自己的减压方法。比如，有基层领导介绍经验说："苦闷的时候，我就下乡到村里找村书记聊聊，什么压力烦恼都没有了。"也有女性干部说："工作压力大的时候，我就去主动打扫卫生，我觉得可以借着干活宣泄一下负面情绪。"此外，基层工作特点使得基层干部的个性化减压方式往往是见缝插针、易于实施，如运动、做家务、倾诉等，在以后的工作中也可以一直沿用。

第三节　基层女性干部的胜任力

从理论和实践两方面来讲,女性干部在基层工作、担任基层领导职务(包括"一把手")都是可以胜任的。干部是否能够胜任一个岗位,最大的决定性因素是可塑性,即是否有意愿、有潜力、有基础、有条件将自己培养成符合岗位需要的人才。女性干部在基层工作中有困难、有挑战,也有优势、有前景,关键在于不断锻炼与自我提升。

中共中央党校(国家行政学院)刘峰教授提出,新时代的女性干部应从以下五个方面检视、提升自己的胜任力,女性领导力提升必须采取扬长补短的策略,而且重点在于补短板,进而全面提升女性干部的领导素质和领导力(《行政管理改革》,2019.3)。

一、要勇于变革,敢于担当

要有开拓精神和胆略气魄,攻坚克难,咬定青山不放松。面对确定的目标和认准的事情要敢于涉险滩,敢于啃硬骨头。"真正做到面对矛盾敢于迎难而上,面对大是大非敢于亮剑,面对危机敢于挺身而出,面对失败敢于承担责任,面对歪风邪气敢于斗争。"

二、做到自知、自信

女性干部要有自知之明和知人之明，注重沟通。要特别注重情绪稳定，胸襟开阔，能包容他人。女性干部要自信自强，积极进取，主动有为。

三、善用简约管理的领导艺术

女性领导力提升特别注意要从事必躬亲的事务性工作中超脱出来。领导工作不是越复杂越好，越忙越好，而是要举重若轻，抓住重点。"新时代要不断减少领导工作的'量'，要尽可能提高领导工作的'质'"。

四、善用方圆兼顾的领导艺术

新时代女性干部要自觉做到"大方小圆，内方外圆，先方后圆，己方他圆"。大方是指大事与中央一致，与上级一致，坚持原则不动摇，不含糊；小圆是指小事可以更多地灵活变通，在法律政策许可的范围内充分体现创造性和灵活性；内方是指思想信仰要坚定，要讲党性，做人堂堂正正；外圆是指行为要适应社会，适应环境。先方后圆是指原则性是第一位的，方是根本，圆是第二位的；己方他圆是指要严于律己，严以用权，严以修身，对自己高标准严要求，对干部和群众则要宽容。女性干部要做到方圆兼顾，就必须按本色做人，按角色做事。按本色做人是"方"，按角色做事是"圆"。

五、善用"来去自如"的领导艺术

"来"是指把群众中分散的智慧、意愿和力量集中起来;"去"就是放下架子,主动沟通协商,亲民务实,缩小基层干部与群众之间的感情距离和心理距离,从而强化自己的亲和力和影响力。

女性干部既要敢于出来,又要善于回去,要反复来去。运用来去自如的领导艺术,要防止出来以后回不去,也要防止回去之后出不来。"出来以后回不去"是指领导干部的能力和素质高于群众,但不善于沟通协商,就可能高高在上,犯"命令主义"的错误;"回去之后出不来"则容易犯"尾巴主义"的错误。换个角度来说,出来以后回不去,回不到实践中去,就可能犯"教条主义"的错误;回去以后出不来,缺少正确的理论指导则可能犯"经验主义"的错误。

除以上五个方面之外,女性干部在基层工作中还需要坚守底线,包括政治底线、道德底线、职业底线。基层岗位职级不高,但是有时责权很大,由于直面利益分配问题,容易遇到诱惑。很多犯了错误的基层干部最初都不以为意,逐渐被腐蚀,且随着权力欲望、虚荣心的膨胀,愈加难以自省、难以自拔,以致酿成大错。因此,自省、自知、自我约束是基层女性干部胜任力中非常重要的一环。

女性干部心语:回忆录中最闪光的基层经历

一、最爱讲的军旅生涯

高中毕业的时候正好招兵,我自己就选择当了一名海军。刚当兵第一年，冬天特别冷，训练要爬冰过雪，然后趴着练射击，女兵也半点儿不含糊。当兵有时候需要锻炼，比如说下饭堂，别人下去一个月，我要下去半年，冬天在饭堂里，我们就穿着那个大头鞋在屋里滑冰走，想想是多么的冷。每天早上我要准备一百多个人的饭，我滑着冰到案板跟前去。这是第一年，后来各种活我都干过了，在新兵连穿大头鞋，三年穿下来，九个脚指头全是坏掉的。转业的时候我的手很粗大，满手都是老茧，这是在基层锻炼的结果。

下连队的时候我是报务兵，两种报务派发，有线和无线我都会。正好那一年赶上全国军队恢复技术能手考核，我是新兵，别人都觉得是不可能考上的。但是我内心就想，我要试一试，于是在那么辛苦的训练生活之余我还要看书、背题、练习。那时候就是一股劲，我不怕苦，我能行，结果真就考上了，这在当时是很罕见的。四年之后，服役期满的时候，作为全海军的首批百名优秀士官，我被直接提干当排长了。

二、主动下基层破解困境

我在大学里一帆风顺，毕业的时候是优秀毕业生，分配到一个区级单位工作，一个刚刚组建的部门，七个人，职责不清，不知道该干什么，没人管，也没事干，整天无所事事，浑浑噩噩。我记得那会儿处里面分鸡蛋、分鱼时，给我们打电话"你们过来俩人帮忙抬去"，我们就过去了。当时我们一起去的一个同事讲"要什么大学生，有把子力气就行啦"。这对我这个学生生涯一路辉煌的人来说真可以算是一种困境了。

当时这样的状况大概持续了半年，我心里只有一个想法，不能这样混着，我要干事。于是，我就主动申请，要求到下属的技工学校去体验生活、了解情况。第一，我要去规模大一点儿的技工学校，这样我能全面了解情况；第二，我要去远一点儿的技工学校，这样能让我踏踏实实地待在那儿。后来我就去了一个城郊的技工学校，在那里待了一年，每周回家一次，吃住都在学校里。这一年下来我觉得很有收获，第一，我觉得充实了自己，圆了自己的教师梦；第二，我了解了技工学校的实际情况，打开了如何开展技工学校教学研究的思路。回来之后我干了三年事：一是我了解到技工学校很多老师是非师范毕业的，他们需要补充教育心理学方面的知识，我建议举办一个教育心理学的培训；二是我了解到技工学校普通文化课教师不多，自身难以开展教学活动，我就提议组建了全市的各科教研组；三是我了解到技工学校统编语文教材不适用，所以我就组织编写了一本市里的补充语文教材。这是当时面临困境我做的第一个选择，一年的基层经历与收获使我在年轻人中脱颖而出。

> **思考小结**
>
> ### 女性干部要不要去基层锻炼
>
> 基层工作经历对于干部的成长有非常重要的意义，它是转折点，也是加油站，但并不是捷径。女性干部在基层工作中也会遇到很多困难与挑战，她们可以胜任基层工作，但也并非每个女性干部都能在基层工作中脱颖而出。从心态上看，主动到基层锻炼比被动接受安排更有助于提高个人能力、创造工作实效。

第十二章

基层女性干部的领导力

　　基层领导工作既要建章建制,又要柔性管理;既要坚持原则,又要循序渐进;既要细致入微,又要宏观把握。人格魅力和工作魄力是基层女性领导者的两大法宝,啃硬骨头、担正义事、交亲友情是多数基层女性领导干部的经验共识。

第一节　基层领导者的素养与能力

党的十八大以来,习近平总书记就干部队伍建设多次发表讲话,要求领导干部"三严三实",还要"对党忠诚、个人干净、敢于担当"。要"始终做到心中有党、心中有民、心中有责、心中有戒。做政治的明白人、发展的开路人、群众的贴心人和班子的带头人",还必须有"铁一般信仰、铁一般信念、铁一般纪律、铁一般担当"。在党的十九大报告中强调"既要政治过硬、也要本领高强"。他在兰考调研考察特别强调,基层干部在国家治理中,要做地基中的"优质钢筋",练就"钢筋铁骨"等。

中央党校原副校长孙庆聚提出,基层干部应着重通过提高领导素质、领导能力、领导绩效,全面提升领导力。

首先,提高领导素质。这是提升领导力的内在要求。素质是决定领导力高低的重要因素,是增强领导能力的内动力。目前基层干部普遍存在思想理论素养不足、道德品质素质不高、文化知识素质不优、心理生理素质不佳的状况。因此,要实施"学习强基"工程,推进基层干部不断学习、善于学习;要在主观上"好"学、行动上"乐"学,更要在方法上"善"学;既要"温故知新",也要"学新知新",努力掌握和运用科学领导需要的一切新思想、新知识、新经验,做一名勤学习、勤思考,并能学以致用的"学习型干部"。

其次，提高领导能力。这是提升领导力的关键举措。领导能力是有效做好领导工作的综合力量，是领导才华及工作方法、工作水平的总体评价。按照习近平总书记的要求，新时代领导干部要增强学习本领、政治领导本领、改革创新本领、科学发展本领、依法执政本领、群众工作本领、狠抓落实本领、驾驭风险本领。其中包括一般能力和特殊能力。一般能力是指完成任务都必须具备的能力，包括分析判断能力、基本工作能力、身体能力等。特殊能力是指适应特定需要而具备的专业和综合能力。对基层干部来说，能力更多地体现为领导方法的科学性和有效性。

最后，提高领导绩效。这是领导实践的归宿，也是领导力的检验标准。或者说，领导力的强弱直接体现领导工作的质量、效率。基层干部是实干型领导，要以工作能力、工作绩效和社会评价综合衡量领导业绩。领导绩效要经得起实践的检验、群众的检验、历史的检验。从根本上说要体现领导的科学性，要由群众来客观评价。既表现为"看得见、见效快"的实事，"雪中送炭""锦上添花"的美事；也表现在"功在当代，利在子孙"的战略性工程，"前人栽树，后人乘凉"的基础性工程，"为他人作嫁衣"的奉献性工程。千万不能急功近利，片面追求短期行为，更不能好大喜功，劳民伤财，贻害子孙，留下骂名，给自己的前程设置障碍，给未来的发展留下隐患。

第二节　基层女性干部的魅力与魄力

一、基层女性干部有傲骨

人不可有傲气，但不可无傲骨。基层工作也是如此，基层女性干部在工作中不能有傲气，群众来问询、质疑，不能顶撞，要低头耐心解释；企业来问询、办事，不能指派，要细心、主动服务，委办局等其他单位来问询、指导、检查，不能推诿、搪塞，要谦虚、自省。同时，基层女性干部一定要有骨气，也就是有原则、有立场、有坚守。比如，部门与属地职责的划分，要拎得清，不因自身职责有风险和困难而逃避，也不因他人领域有利益而横加干预。

基层女性干部的骨气一方面表现为"啃硬骨头"的工作能力。基层工作重实绩，女性干部要脱颖而出成为领导者，也必须有令人信服的能力表现。比如，一位在国有企业里从基层一路走上来的女性干部认为，"啃硬骨头"是自己历次职务提升最大的机遇："公司里面很多'开疆拓土'的工作都是交给我做的，我就是靠这个本事升职的。给我任何一个工作，多难的情况，我从来都没有悲观过。咱们不比别人笨，也很勤奋，甚至比别人还要勤奋，那么别人能做到的，咱们也一定能做到。我觉得只要投入了，努力到位了，就会找到解决问题的灵感。"

骨气另一方面表现为战胜逆境的心理素质。俗话说，打铁还需自身硬，要啃硬骨头，既要有过硬的本领，又要有坚强的心理。基层女性干部职责所在，经常会遭到各种各样的打击和质疑，比如，工作遇到难处，或者因为自己太优秀而面临人际压力等，这个时候要有坚持自我、坚持原则的底气。这个底气从理论上缘于"清者自清"的自信，方法上缘于不断提升的理论素养。比如，有人说："当我想不明白的时候就会读书，我在真正静下心来读书的时候，就会获得力量。"

二、基层女性干部有正气

基层工作环境的特点之一是人际关系网络密、交往多，基层女性干部在工作中既要尊重"人情社会"的现实特点，又要正确处理情与理、情与法的关系，坚决与歪风邪气做斗争。比如，在涉及多方利益的拆迁工作中，基层领导者每天都面临着拆与不拆、放与不放、签不签字的选择。一位基层女纪委书记坦言，在这种日复一日的诱惑与选择中，领导者必须有正气，才能立得住，"这些年我总结的最重要的经验是无私，在我工作过的这么多基层政府单位，我没买过一套房子，没租过一套房子，没有土地，所以到任何时候我说话都理直气壮，我永远是站在法与理的立场上去跟别人谈人情"。

每个人心中都有一杆秤，世事难以绝对平衡，秤的中心点就是领导者的正气。基层女性干部在自身干净的同时，还要有担当。比如，在基层人事选用时，发现有人品问题、巴结领导、损害公共利益的干部，要根据组织需要进行调整。这个过程要打破既有格局，可能会很艰难，也可能会有很多痛苦。作为领导者的女性干部不仅自己要坚持住，还要影响自己的上级领导和班子成员共同坚持，刹住歪风邪气，塑造风清气正的组织文化，为工作开展提供良好氛围。

三、基层女性干部有诚心

基层领导者最重要的职责之一是凝聚人心、形成合力。"以势交者，势倾则绝；以利交者，利穷则散。"基层工作不是一朝一夕的面子工作，而是潜移默化的长期影响。基层领导者，特别是女性领导者，不能仅仅依靠行政权力树立领导威信，还需要建立自身的影响力。

真诚是基层领导者最朴实、最有力的工具。在利益纠纷面前，如何获得信任和支持？最主要的是你要善良，要尽可能为对方好，而不是因为担任领导职务，掌握一定权力，执行上级要求，就强势地去跟对方谈条件。大多数时候权力好用，是因为被领导者、被管理者愿意配合，但是在涉及核心利益时，以势压人常常会给后续工作留下隐患。基层领导者的影响力是通过帮助他人解决问题、化解纠纷而建立起来的。无论面对下属还是群众，把对方的难处当作自己的事情去谋划解决，不与对方争利益，就可以赢得人心。

女性是柔软的，但是基层女性干部要做下属和基层群众的"主心骨"，女性是细腻的，但是基层女性干部要善于把复杂问题简单化，逢山开路，遇水搭桥。主管领导的态度表现影响执行者、被领导者的信心，领导者坚定，被领导者才能跟着干、跟着走。如果领导者患得患失，下属就会惊慌失措、懒散懈怠或者各自为政。因此，基层女性干部要有骨气、有正气、有诚心，也就是要有决断的底气、勇气和平衡的支撑点。女性干部的魅力与魄力，不在于鲜花与掌声，而在于业绩与变革，在于影响了追随者的认知与行为。

女性干部心语：镇里来了个女书记

我那时候是县里近20年唯一的女乡镇党委书记。刚当书记，我就从别人的态度中意识到自己角色的转变和这种转变对自己的要求。有一天，一个老乡闯进了我的会议室，找我要账——上一届党委政府盖房子欠的钱。可能觉得我是女的，刚到岗，他得让我"明白明白"。其实因为都在一个县里，原本我们就认识，他叫我妹子，我管他叫老兄，交往不多但是也一团和气。但是那天我们正在开班子会，他就闯进来，拿腔拿调地说："王书记，我可跟别人不一样，别人找政府要钱，可能又请又送、又吃又喝的，我可没有那个习惯。"我说："这样啊，王老板，您要是觉得我喝了您一口水，或者哪怕我有想喝您一口水的想法，您都可以去纪委去组织部反映。"这件事给我触动很大，你是主管领导，甚至"一把手"了，你没变，但是别人对你的态度立刻就变了，那你也得跟着变，不能受他们左右，你得坚持自己的初心。

乡镇党委书记要落实上级指示，推进工作，必须依靠村干部。我那里的农村基层干部有的字都认不全，有的开会时歪着膀子、交头接耳、打着电话、走来走去。这样的状态很难想象他们能把工作落实好，他们可能有本事，但是不一定支持你的工作。有些村干部没有工作概念，工作是啥？工作就是钱。所以，一方面，跟领导争取，建立奖惩机制；另一方面，也要通过一些领导艺术获得基层干部的认可。虽然你在领导岗位上，但是你别真的打着官腔，拍桌子。

有一次，下面的科长和书记请我吃饭，三两一杯的白酒，他们说："您把这喝了，以后我们听您的，您要是不喝，您还是我们领导，但是您得听我们的。"我当时年纪比较小，他们都比我年纪大一轮。我豁出去了，三杯酒下去，把他们都镇住了。对他们来说，这才算是认识了我，这个女书记，不含糊，不能轻视。基层领导，必须适应环境。但是适应环境可以有不同的方法，我当时年轻急于求成，现在回想起来，很多工作，特别是思想工作、人心工作，也可以慢慢做，不去拼酒，也可以让他们逐渐认可我、尊敬我。

> **思考小结**
>
> ### 基层女性干部如何服人
>
> 基层女性干部不仅是基层单位的领导者，也是基层组织、基层文化的引领者，要赢得认可和尊敬，既要融入基层文化，消除距离和隔膜，又要在工作和生活中体现出自己的先进性，起到引领作用。

参考文献

[1] 简文祥,王革.西方领导力理论演进与展望[J].科学学与科学技术管理,2014,35(02):80-85.

[2] 斯蒂芬·P.罗宾斯,蒂莫西·A.贾奇.组织行为学精要[M].郑晓明译.北京:机械工业出版社,2011.

[3] Geier J. G.A trait approach to the study of leadership in small groups [J]. *Journal of Communication*, 1967, 17(4):316-323.

[4] 斯蒂芬·P.罗宾斯,蒂莫西·A.贾奇.组织行为学[M].孙建敏译.北京:中国人民大学出版社,2002.

[5] [德]马克思·韦伯.经济与社会[M].北京:商务印书馆,2000.

[6] [美]哈格斯,吉纳特,柯菲.领导学——在经验积累中提升领导力[M].朱舟译.北京:清华大学出版社,2004.

[7] [美]钱门,奥内尔.发现,然后培育你的领导力[M].郑春蕾译.北京:京华出版社,2004.

[8] [美]D.C.菲立普.社会科学中的整体论思想[M].银川:宁夏人民出版社,1988.

[9] 李燕菲.逆向领导力与中国传统文化的碰撞及耦合[J].领导科学,2019(23):19-22.

[10] 艾兴,赵瑞雪.构建融合中国传统教育管理文化的校长领导力[J].教学与管理,2019(15):42-45.

[11] 高飞.中国传统哲学下的领导力理论探析[J].管理观察,2016(21):56-58.

[12] 梁红霞.中国传统文化与领导力的修炼[J].领导科学论坛,2015(20):29-30.

[13] 原理.基于儒家传统德性观的中国本土伦理领导力研究[J].管理学报，2015，12（01）：38-43.

[14] 姜志兵.中国优秀传统文化背景下的领导力提升探究[J].才智，2014（33）：362.

[15] 王培凤.基于儒家文化的国企领导者行为与员工满意度相关性研究[D].燕山大学，2014.

[16] 孙绵涛.校长领导力基本要素探析[J].教育研究与实验，2012（06）：54-57.

[17] 褚炜奇.东方管理学五行行为与中国企业领导力提升研究[D].上海外国语大学，2012.

[18] 林升腾.论中国传统文化角度下的文化领导力提升[J].内蒙古农业大学学报（社会科学版），2012，14（04）：222-223，299.

[19] 任多伦.中国传统文化视野下的领导力研究[J].领导科学，2011（05）：34-35.

[20] 李明，凌文轻."以德为先"选拔领导必要性的实证研究[J].中国浦东干部学院学报，2011，5（01）：91-94，123.

[21] 陈建勋，凌嫒嫒，刘松博.领导者中庸思维与组织绩效：作用机制与情境条件研究[J].南开管理评论，2010，13（02）：132-141.

[22] 郭华.中西领导文化的比较与启迪[J].东南学术，2009（05）：69-74.

[23] 修文荣.东西方领导思想之比较[J].经济论坛，2009（14）：39-40.

[24] 曾楚宏，李青，朱仁宏.家长式领导研究述评[J].外国经济与管理，2009，31（05）：38-44.

[25] 冯江平，罗国忠.我国企业魅力型领导的特质结构研究[J].心理科学，2009，32（01）：207-209，250.

[26] 张泽一.职场领导的儒家管理之道［J］.广东青年干部学院学报，2008（02）：38-41.

[27] 徐飞.东西方思维方式和文化特质比较——兼论跨文化领导力［J］.上海交通大学学报（哲学社会科学版），2006（05）：48-52，59.

[28] 周浩，龙立荣.恩威并施，以德服人——家长式领导研究述评［J］.心理科学进展，2005（02）：227-238.

[29] 向莉.浅谈中西方管理思想之比较及跨文化管理［J］.成都航空职业技术学院学报，2003（03）：44-47.

[30] 彭熙，彭瑶.中西管理人性观比较与管理的融合趋势［J］.财经科学，2003（02）：122-124.

[31] 陈璐，高昂，杨百寅等.家长式领导对高层管理团队成员创造力的作用机制研究［J］.管理学报，2013，10（6）：831-838.

[32] 孙远航.新时期中小学校长领导力的提升［M］.西安：陕西师范大学出版社，2008.

[33] 张超，王安民.团队周期研究述评［J］.中国管理信息化，2020，23（01）：125-126.

[34] 刘焕刚.Max公司工程技术人员的领导力研究［D］.华东理工大学，2014.

[35] 戴维尤里奇，诺姆斯莫尔伍德，凯特斯威特曼.领导力密码［M］.陶娟译.北京：中国人民大学出版社，2011：50-80.

[36] 杰西卡·E.丁，罗伯特·罗德，威廉·加德纳，杰米里·穆塞尔，罗伯特·李登，胡金玉，祝军，朱昱治.西方领导力前沿理论与视角变化［J］.中国领导科学，2018（06）：51-57.

[37] 大卫·M.特拉弗斯.领导力的源泉［M］.强薇译.北京：机械工业出版社，2009.

[38] 沈纬辰，徐春艳.后现代语境下逆向领导力的内涵及价值解析

[J/OL].领导科学,2020(02):17-20.

[39] 郑世林,杨智伟.人本矩阵:一个新的领导力理论框架[J].领导科学,2019(18):53-56.

[40] 谢克海.5M视角下的领导力理论[J].南开管理评论,2018,21(04):219-224.

[41] 孙华,丁荣贵,王楠楠.研发团队共享领导力行为的产生和对创新绩效的作用:基于垂直领导力的影响[J].管理科学,2018,31(03):17-28.

[42] 杨百寅,王念,张震.集体领导力理论基础探析[J].管理学报,2014,11(10):1428-1435.

[43] 耿在英.领导力理论的发展研究[J].经营与管理,2013(12):70-73.

[44] Justin P.Brienza,Franki Y.H.Kung,Henri C.Santos,D.Ramona Bobocel.(2017).Wisdom,bias,and balance:Toward a process-sensitive measurement of wisdom-related cognition.*Journal of Personality and Social Psychology.*